הלכות תפלה
Unit 4

Philosophical Topics

Read the Hebrew passage below. Then read the English words. Finally, match each Hebrew word with the most appropriate English word. [ALL, ALSO, AND AT ONCE, AND HE SEES, AND HE, AND HE, AND HE, AND HIS DEALINGS, AND HIS MOVEMENTS, AND I, AND MAY HE RAISE HIMSELF, AND NO, AND NO, BECAUSE, BEFORE, BEFORE, BEFORE, BIG, BIG, CERTAINLY, COMMENT OF THE RAMO, CONSTANTLY, FROM HIM, FROM THE FACE OF, HASHEM, HASHEM, HASHEM, HASHEM, HASHEM, HE SHOULD GET UP, HE SHOULD KNOW, HE, HE, HIS CREATOR, HIS CREATOR, HIS HEART, HIS HONOR, HIS HOUSE, HIS MOUTH, HIS SPEECH, IF, IN HIS DEEDS, IN HIS HOUSE, IN THE MORNING, IN THE SERVICE OF, IN THE TORAH, IT SAYS IN A PASUK, IT, KING, LIES DOWN, LIKE HIS SITTING, LIKE HIS SPEECH, LIKE HIS WILL, LIKE, MAN, MAN, MAY HE BLESS HIMSELF, NO, NO, ON HIM, ON HIM, ON, SITTING OF, SONS OF, STAND, THAT THE KING, THAT, THAT, THE BIG, THE KING, THE LAND, THE MAN, THE MAN, THE TZADDIKIM, THEY GO, TO HIM, TO OPPOSITE ME, TO SERVE, TO STAND, TO THE SERVICE, TO, WHO, WITH]

יתגבר - BE STRONG
כארי - LIKE A LION
לעמוד
בבוקר
לעבודת
בוראו,
שיהא - THAT HE SHOULD BE
הוא
מעורר - WAKE UP
השחר. - THE DAWN
*הגה:
שויתי - PLACE
ה'
לנגדי
תמיד, - ALWAYS
הוא
כלל - RULE
גדול

בתורה
ובמעלות - AND IN THE STEPS
הצדיקים
אשר
הולכים
לפני
האלקים,
כי
אין
ישיבת
האדם
ותנועותיו - AND HIS MOVEMENTS
ועסקיו - AND HIS DEALINGS
והוא
לבדו - ALONE
בביתו,
כישיבתו
ותנועותיו
ועסקיו
והוא
לפני
מלך
גדול,
ולא
דבורו

AND WIDENING - והרחבת
פיו
כרצונו
והוא
עם
THE MEN OF - אנשי
ביתו
AND HIS RELATIVES, - וקרוביו,
כדבורו
IN THE SEATING OF - במושב
המלך.
ש"כ*
WHEN HE PLACES - כשישים
האדם
אל
לבו
שהמלך
הגדול
הקדוש
ברוך
הוא,
אשר
FULL - מלא
כל
הארץ

כבודו,
עומד
עליו
ורואה
במעשיו,
כמו
*שנאמר:
אם
יסתר - HE WILL HIDE
איש
במסתרים - IN A HIDING PLACE
ואני
לא
אראנו - I WILL SEE HIM
נאם - THE SPEECH OF
ה',
מיד - RIGHT AWAY
יגיע - HE WILL REACH
אליו
היראה - THE AWE
וההכנעה - AND THE HUMILITY
בפחד - WITH THE FEEAR
השי"ת
ובושתו - AND HIS EMBARASSMENT
ממנו

תמיד,
ולא
יתבייש - HE WILL BE EMBARASSED
מפני
בני
אדם
המלעיגים - THAT MAKE FUN
עליו
בעבודת
השי"ת.
גם
בהצנע - IN PRIVACY
לכת - GOING
ובשכבו - AND HIS LYING DOWN
על
משכבו - HIS BED
ידע
לפני
מי
הוא
שוכב,
ומיד
שיעור - THAT HE WAKES UP
משנתו - FROM HIS SLEEP
יקום

בזריזות - WITH ALACRITY
לעבודת
בוראו
יתברך
ויתעלה.

שולחן ערוך אורח חיים הלכות הנהגת אדם בבקר סימן א סעיף א

יתגבר כארי לעמוד בבוקר לעבודת בוראו, שיהא הוא מעורר השחר. הגה: שויתי ה' לנגדי תמיד, הוא כלל גדול בתורה ובמעלות הצדיקים אשר הולכים לפני האלהים, כי אין ישיבת האדם ותנועותיו ועסקיו והוא לבדו בביתו, כישיבתו ותנועותיו ועסקיו והוא לפני מלך גדול, ולא דבורו והרחבת פיו כרצונו והוא עם אנשי ביתו וקרוביו, כדבורו במושב המלך. כ"ש כששים האדם אל לבו שהמלך הגדול הקדוש ברוך הוא, אשר מלא כל הארץ כבודו, עומד עליו ורואה במעשיו, כמו שנאמר: אם יסתר איש במסתרים ואני לא אראנו נאם ה', מיד יגיע אליו היראה וההכנעה בפחד השי"ת ובושתו ממנו תמיד, ולא יתבייש מפני בני אדם המלעיגים עליו בעבודת השי"ת. גם בהצנע לכת ובשכבו על משכבו ידע לפני מי הוא שוכב, ומיד שיעור משנתו יקום בזריזות לעבודת בוראו יתברך ויתעלה.

Please write the above passage in your own words in clear English.

Please write the above passage the way we translated it in class.

Read the Hebrew passage below. Then read the English words. Finally, match each Hebrew word with the most appropriate English word. [AN AVEIRAH PERSON, AND TO READ HER/IT, HE SITS, IS CALLED, STANDING, THAT WANTS, TO STAND, WHEN HE, WHO]

מי
שרוצה
להחמיר - TO BE STRICT
לעמוד
כשהוא
יושב
ולקרותה
מעומד,
נקרא
עבריין.

שולחן ערוך אורח חיים הלכות קריאת שמע סימן סג סעיף ב

מי שרוצה להחמיר לעמוד כשהוא יושב ולקרותה מעומד, נקרא עבריין.

Please write the above passage in your own words in clear English.

Please write the above passage the way we translated it in class.

Read the Hebrew passage below. Then read the English words. Finally, match each Hebrew word with the most appropriate English word. [41, AND HIS REBBE, END QUOTE, EVEN, EXCOMMUNICATE, FOR THE SAKE OF HEAVEN, HE SHOULD BE STRICT, HIM, HIS REBBE, HIS REBBE, HIS WORDS, IN A THING, IN ALL, IN FRONT OF, IN FRONT OF, ISRAEL, ITS PERMISSIBILITY, KNOWN, MANY, OPPOSITE, THAT HE DOES, THAT IS ALLOWED, THAT IS STRICT, THAT THERE IS, THE THING, THE WORDS OF, TO ARROGANCE, TO PERMIT, WE EXCOMMUNICATE, WHO]

כתב
ביש"ש - IN SEFER YAM SHEL SHLOMO
פ"ז - CHAPTER 7
דב"ק - OF BAVA KAMMA
סימן - CHAPTER
מ"א
מי
שמחמיר - THAT IS STRICT
בפני
רבים
בדבר
שמותר
ואיכא - AND THERE IS
למיחש - TO BE WORRIED
ליוהרא
מנדין - WE EXCOMMUNICATE
אותו.
והיינו - AND THIS IS SPECIFICALLY
אם
אותו

הדבר
פשט - SPREAD
היתרו
בכל
ישראל
ואם*
ידוע
שעושה
לש"ש - FOR THE SAKE OF HEAVEN
אין
מנדין
אותו
ואם*
מחמיר - HE IS STRICT
בפני
רבו
ורבו
מיקל - HE IS LENIENT
מנדין
אותו
אפילו*
עביד - HE DID
לש"ש
ואפילו*
אם

אינו
פשוט - STRAIGHTFORWARD
כ"כ - SO MUCH
להתיר
לא
יחמיר
נגד
דברי
רבו
אם*
לא
שיש
לו
ראיה - PROOF
לסתור - TO DESTROY
דבריו
עכ"ל.*

משנה ברורה סימן סג ס"ק ו

כתב ביש"ש פ"ז דב"ק סימן מ"א מי שמחמיר בפני רבים בדבר שמותר ואיכא למיחש ליוהרא מנדין אותו. והיינו אם אותו הדבר פשט היתרו בכל ישראל [פמ"ג] ואם ידוע שעושה לש"ש אין מנדין אותו ואם מחמיר בפני רבו ורבו מיקל מנדין אותו אפילו עביד לש"ש ואפילו אם אינו פשוט כ"כ להתיר לא יחמיר נגד דברי רבו אם לא שיש לו ראיה לסתור דבריו עכ"ל.

Please write the above passage in your own words in clear English.

Please write the above passage the way we translated it in class.

Read the Hebrew passage below. Then read the English words. Finally, match each Hebrew word with the most appropriate English word. [AND SO, CONCENTRATION, THAT THEY NEED, THEY NEED, TO FULFILL HIS OBLIGATION, WITH THE DOING]

*וי"א
שאין
מצות
צריכות
כוונה,
*וי"א
שצריכות
כוונה
לצאת
בעשיית
אותה
מצוה,
וכן
הלכה.

שולחן ערוך אורח חיים הלכות קריאת שמע סימן ס סעיף ד

י"א שאין מצות צריכות כוונה, וי"א שצריכות כוונה לצאת בעשיית אותה מצוה, וכן הלכה.

Please write the above passage in your own words in clear English.

Please write the above passage the way we translated it in class.

Read the Hebrew passage below. Then read the English words. Finally, match each Hebrew word with the most appropriate English word. [12, 12, ALL, AND ALL, AND ALL, AND CUSTOM, AND FROM HIM/IT, AND HE SHOULD HEAR, AND MUSSAR, AND NEVERTHELESS, AND SIMILARLY, AND TO THE TOPIC, ASHKENAZ, BECAUSE, CHAZZAN, FOR EXAMPLE, FOR EXAMPLE, FROM CUSTOM, FROM NUSACH, FROM THE GEMARA, GATE, GEONIM, HE SHOULD TAKE, HE/IT, HIS FATHER, HIS PLACE, HIS SON, IN CUSTOMS, IN GEMARA, IN HEAVEN, IN HIS CUSTOM, IN THE NAME OF, IN THE NAME OF, IN WORDS OF, LAW, MAN, OF, ONLY, OPPOSITE, OR, OR, OR, OUR TEACHER R. CHAIM VITAL, POEMS, RATHER/ONLY, SHEVATIM, SHEVET, THAT NOT, THAT REMEMBERED, THAT THEY DAVEN, THAT THEY LEARNED, THAT THEY MADE CUSTOMS, THAT THEY MADE INTO CUSTOMS, THAT THEY ORGANIZED, THAT WHEN HE WAS, THE ARI, THE ASHKENAZIM, THE CUSTOMS, THE CUSTOMS, THE KALIR, THE POEMS, THE POSKIM, THE RISHONIM, THE SEFARDIM, THE TRUTH, THE VIDUYS, THERE IS, THEY FULFILL THEIR OBLIGATION, TO ALL, TO CUSTOM, TO HIM, TO SAY, TO SEFARD, WHAT, WHAT, WISDOM, WISE MAN, WITH, YIGDAL]

OUR TEACHER R. CHAIM VITAL - מהרח"ו
כתב
בשם
האר"י
שלא
היה
אומר
POEMS - פיוטים
AND POEMS - ופזמונים
RATHER/ONLY - אלא*
מה
שסדרו
הראשונים
כגון
הקלירי
THAT WERE FIXED - שנתקנו
ON THE PATH - ע"ד

האמת
*וכן
לא
היה
אומר
יגדל - YIGDAL
*ומ"מ
העיד - HE TESTIFIED
בנו
של
מהרח"ו
על
אביו
שכשהיה
ש"ץ
בקהל - IN THE CONGREGATION
בימים - IN THE DAYS OF
נוראים - AWE
היה
אומר
כל
הווידוים
וכל
הפיוטים
וישמע

חכם
וממנו
יקח
חכמה
ומוסר
SMART - השכל
שלא
TO CHANGE - לשנות
המנהגים.
AND IN SEFER SHNEI LUCHOT HABRIT - ובשל"ה
HE LENGTHENED - האריך
בשם
גאונים
שמצוה
לומר
פיוטים
...
HOWEVER - אמנם
המנהגים
שנהגו
IN THE ROOTS - בשרשי
התפלה
TO THE WHOLE WORLD - לכו"ע
אין
TO CHANGE - לשנות

כ"א - UNLESS
ממנהג
מקומו
כגון
מנוסח
אשכנז
לספרד
או*
להיפך
וכל
כה"ג, - LIKE THIS COLOR
כי
י"ב
שערים - GATES
בשמים
נגד
י"ב
שבטים
וכל
שבט
יש
לו
שער
ומנהג
לבד - ALONE

ולענין
דינא
האשכנזים
המתפללים
עם
הספרדים
או*
להיפך - TO THE OPPOSITE
יצאו
ידי - THE HANDS OF
חובת - THE OBLIGATION OF
תפלה.
וכ"ז - AND ALL THIS
רק
במנהגים
שנהגו
בשרשי
תפלה
אבל*
מה
שנזכר
בגמרא
או*
בדברי
הפוסקים

שלמדו
מהגמרא
הוא
שוה - EQUAL
לכל
ואין
רשות - PERMISSION
לשום - TO ANY
אדם
לנהוג
במנהגו.

משנה ברורה סימן סח ס"ק ד

מהרח"ו כתב בשם האר"י שלא היה אומר פיוטים ופזמונים אלא מה שסדרו הראשונים כגון הקלירי שנתקנו ע"ד האמת וכן לא היה אומר יגדל ומ"מ העיד בנו של מהרח"ו על אביו שכשהיה ש"ץ בקהל בימים נוראים היה אומר כל הוידוים וכל הפיוטים וישמע חכם וממנו יקח חכמה ומוסר השכל שלא לשנות המנהגים. ובשל"ה האריך בשם גאונים שמצוה לומר פיוטים ... אמנם המנהגים שנהגו בשרשי התפלה לכו"ע אין לשנות כ"א ממנהג מקומו כגון מנוסח אשכנז לספרד או להיפך וכל כה"ג כי י"ב שערים בשמים נגד י"ב שבטים וכל שבט יש לו שער ומנהג לבד ולענין דינא האשכנזים המתפללים עם הספרדים או להיפך יצאו י"ח תפלה. וכ"ז רק במנהגים שנהגו בשרשי תפלה אבל מה שנזכר בגמרא או בדברי הפוסקים שלמדו מהגמרא הוא שוה לכל ואין רשות לשום אדם לנהוג במנהגו.

Please write the above passage in your own words in clear English.

Please write the above passage the way we translated it in class.

Read the Hebrew passage below. Then read the English words. Finally, match each Hebrew word with the most appropriate English word. [ABLE, AND BIRCHAT HAMAZON, AND HALLEL, AND IN KIDDUSH, AND IN THE BERACHOT OF, AND KIDDUSH, AND ONE, AND SIMILARLY, AND SIMILARLY, AND SPECIFICALLY, AND THE FRUITS, AND THE WORD OF, AND THIS IS ALSO THE LAW, AND YOU SHOULD SAY, BECAUSE, CHAZAL, ET, EVEN, EVEN, FOR EXAMPLE, FOR EXAMPLE, GOOD, GOOD, HE FULFILLED HIS OBLIGATION, HE WILL ASK YOU, IN ALL, IN HIM/IT, IN HIM/IT, IN LANGUAGE, IN LANGUAGE, IN OUR DAYS, IN SHEMONEH ESREI, IN YOUR MOUTH, LANGUAGE, LANGUAGE, LANGUAGE, LANGUAGE, LETOTAFOT, LIKE, MAN, NO, ON, ONE, OTHER, OTHER, TEACHING, THAT IF, THAT IN KRIAT SHEMA, THAT NOT, THAT THEY SAID, THAT THEY SHOULD BE, THE HOLY, THE LANGUAGE, THE LANGUAGE, THE LAW, THE MITZVOT, THE WORD OF, THE WORD OF, THERE IS, THERE IS, THERE IS, THING, TO READ HER/IT, TO READ HER/IT, VESHINANTAM, WE KNOW, WE KNOW, WE READ, WE, WE, WHEN WE, WORDS]

יכול
לקרותה
בכל
לשון - LANGUAGE
*ודוקא - AND SPECIFICALLY
שמבין - THAT HE UNDERSTANDS
באותו - IN IT
הלשון.
*וה"ה
בתפלה
ובה"מ - and BIRKAT HAMAZON
ובקידוש
וברכת
המצות
והפירות
והלל
...
בימינו

אף
מצד - FROM THE SIDE
הדין
יש
ליזהר - TO BE CAREFUL
שלא
לקרותה
בלשון
אחר
כ"א - just
בלשון
הקודש
כי
יש
כמה - HOW MANY
וכמה - AND HOW MANY
תיבות - WORDS
שאין
אנו
יודעים
איך
להעתיקם - TO TRANSLATE THEM
היטב
כגון*
תיבת

| ושננתם |
| יש |
| בו |
| כמה - HOW MANY |
| ביאורים - EXPLANATIONS |
| אחד |
| לשון |
| לימוד |
| ואחד |
| לשון |
| חידוד - SHARPENING |
| כמו |
| שאמרו |
| חז"ל |
| שיהו |
| ד"ת - words OF TORAH |
| מחודדין - SHARP |
| בפיך |
| שאם |
| ישאלך |
| אדם |
| דבר |
| אל - DON'T |
| תגמגם - STUTTER |
| ותאמר |

לו.
וכן*
כמה - HOW MANY
וכמה - AND HOW MANY
תיבות
שבק"ש
שאין
אנו
יודעין
היטב
ביאורו - ITS EXPLANATION
על
לשון
אחר
כגון*
תיבת
את
ותיבת
לטוטפות
וכדומה - AND LIKE SIMILAR
אבל*
כשאנו
קוראין
שמע
בלשה"ק - in THE HOLY LANGUAGE

*וכן
בתפלה
וברכת
המזון
וקידוש
ושארי - AND THE REST OF
ברכות
*אפילו
*אם
אינו
מבין - HE UNDERSTANDS
הלשון
יצא.

משנה ברורה סימן סב ס"ק ג

יכול לקרותה בכל לשון ודוקא שמבין באותו הלשון. וה"ה בתפלה ובה"מ ובקידוש וברכת המצות והפירות והלל ... בימינו אף מצד הדין יש ליזהר שלא לקרותה בלשון אחר כ"א בלשון הקודש כי יש כמה וכמה תיבות שאין אנו יודעים איך להעתיקם היטב כגון תיבת ושננתם יש בו כמה ביאורים אחד לשון לימוד ואחד לשון חידוד כמו שאמרו חז"ל שיהו ד"ת מחודדין בפיך שאם ישאלך אדם דבר אל תגמגם ותאמר לו. וכן כמה וכמה תיבות שבק"ש שאין אנו יודעין היטב ביאורו על לשון אחר כגון תיבת את ותיבת לטוטפות וכדומה אבל כשאנו קוראין שמע בלשה"ק וכן בתפלה וברכת המזון וקידוש ושארי ברכות אפילו אם אינו מבין הלשון יצא.

Please write the above passage in your own words in clear English.

Please write the above passage the way we translated it in class.

Read the Hebrew passage below. Then read the English words. Finally, match each Hebrew word with the most appropriate English word. [84, ALL, AND 86, AND SIN, AND TO STAND, CHAPTER, CHAZZAN, EYE/LOOK, FROM ISRAEL, FROM OUTSIDE, HE SHOULD GUARD US, IN ALL, IN THE MERIT, IN THIS, LANGUAGE, LIKE THESE, NEW, REMEMBRANCE, SIN, SPECIFICALLY, THAT NO, THAT THEY PERMITTED, THAT THEY WANT, THAT WHAT, THE DAVENING, THE HOLY LANGUAGE, THE HOLY LANGUAGE, THE NATIONS, THEIR LANGUAGE, THEY WANT, THEY WILL BE REDEEMED, THIS, TO DAVEN, TO ESTABLISH, TO THE COUNTRY, TO THE LANGUAGE, WITH ESTABLISHMENT]

עיין
בתשובת - IN THE RESPONSA
ח"ס - CHATAM SOFER
או"ח - ORACH CHAIM
סי'
פ"ד
ופ"ו
שהאריך - THAT HE MADE LONG
בכמה - WITH HOW MANY
ראיות - PROOFS
דמה
שהתירו
להתפלל
בכל
לשון
היינו - THIS IS
*דוקא
באקראי - IN TEMPORARY
*אבל
לקבוע

בקביעה
תמידית - CONSTANT
ולהעמיד
ש"ץ
ולהשכיח - AND TO MAKE FORGET
לה"ק
לגמרי - ENTIRELY
זה
א"א - IMPOSSIBLE
בשום - IN ANY
אופן - MANNER
עי"ש - SEE THERE
...
ולאפוקי - AND TO EXCLUDE
מכתות - FROM THE GROUPS
חדשות
שנתפרצו - THAT SPREAD OUT
מחוץ
למדינה
בזה
והעתיקו - AND THEY TRANSLATED
את
כל
נוסח - THE FORMULATION OF
התפלה

ללשון
העמים
ועבירה
גוררת - CAUSES
עבירה
שדלגו - THAT THEY SKIPPED
הברכה
של
קבוץ - INGATHERING
גליות - EXILES
וברכת
ולירושלים
עירך
וכשם
שרוצים
להשכיח - TO MAKE FORGET
זכרון
ירושלים
כן
רוצים
להשכיח - TO MAKE FORGET
לשה"ק
מישראל
פן - LEST
יגאלו

| בזכות |
| שלא |
| שינו - THEY CHANGED |
| את |
| לשונם |
| הקדוש |
| ברוך |
| הוא |
| ישמרנו |
| מדיעות - FROM OPINIONS |
| אפיקורסות - HERETICAL |
| כאלו. |

משנה ברורה סימן קא ס"ק יג

עיין בתשובת ח"ס או"ח סי' פ"ד ופ"ו שהאריך בכמה ראיות דמה שהתירו להתפלל בכל לשון היינו דוקא באקראי אבל לקבוע בקביעה תמידית ולהעמיד ש"ץ ולהשכיח לה"ק לגמרי זה א"א בשום אופן עי"ש ... ולאפוקי מכתות חדשות שנתפרצו מחוץ למדינה בזה והעתיקו את כל נוסח התפלה ללשון העמים ועבירה גוררת עבירה שדלגו הברכה של קבוץ גליות וברכת ולירושלים עירך וכשם שרוצים להשכיח זכרון ירושלים כן רוצים להשכיח לשה"ק מישראל פן יגאלו בזכות שלא שינו את לשונם הקדוש ברוך הוא ישמרנו מדיעות אפיקורסות כאלו.

Please write the above passage in your own words in clear English.

Please write the above passage the way we translated it in class.

Read the Hebrew passage below. Then read the English words. Finally, match each Hebrew word with the most appropriate English word. [AND FOUND, AND THIS IS ALSO THE LAW, FIRST, FOR EXAMPLE, HE SHOULD LOOK, HE SHOULD READ, HE WANTS, HEAVEN, HIS FRIENDS, KRIAT SHEMA, NEED, THAT NO, THAT THE PUBLIC, THAT THEY ARE READING, THE KINGSHIP, THEY ARE SAYING, THING, TO READ, WITH THEM, WITH THEM, WITH]

קרא
קריאת
שמע
ונכנס - AND ENTERED
לבהכ"נ - TO THE SHUL
ומצא
צבור - THE PUBLIC
שקורין
ק"ש,
צריך
לקרות
עמהם
פסוק
ראשון,
שלא
יראה
כאילו - AS IF
אינו
רוצה
לקבל - TO ACCEPT
עול - THE YOKE

מלכות
שמים
עם
חביריו
וה"ה*
שאר - OTHER
דבר
שהצבור
אומרים
כגון*
תהלה
לדוד
או
עלינו
קורא
עמהם
שכן - THAT SUCH
דרך - DERECH
ארץ. - ERETZ

משנה ברורה סימן סה ס"ק ט

קרא קריאת שמע ונכנס לבהכ"נ ומצא צבור שקורין ק"ש, צריך לקרות עמהם פסוק ראשון, שלא יראה כאילו אינו רוצה לקבל עול מלכות שמים עם חביריו וה"ה שאר דבר שהצבור אומרים כגון תהלה לדוד או עלינו קורא עמהם שכן דרך ארץ.

Please write the above passage in your own words in clear English.

Please write the above passage the way we translated it in class.

Read the Hebrew passage below. Then read the English words. Finally, match each Hebrew word with the most appropriate English word. [DAY, HE/IT, HIS CREATIONS, IN ALL, THAT HE MAKES REMEMBER, THAT HE, THAT THEY ESTABLISHED, TO SAY, WHAT, WITH IT]

עיקר - THE MAIN
מה
שקבעו
לומר
תהלה
לדויד
בכל
יום
הוא
בשביל - BECAUSE
אותו
פסוק
שמזכיר
בו
שבחו - THE PRAISE OF
של
הקדוש
ברוך
הוא
שהוא
משגיח - SUPERVISES
על

| בריותיו |

| ומפרנסן. - AND PROVIDES THEIR NEEDS |

משנה ברורה סימן נא ס"ק טו

עיקר מה שקבעו לומר תהלה לדויד בכל יום הוא בשביל אותו פסוק שמזכיר בו שבחו של הקדוש ברוך הוא שהוא משגיח על בריותיו ומפרנסן.

Please write the above passage in your own words in clear English.

Please write the above passage the way we translated it in class.

Read the Hebrew passage below. Then read the English words. Finally, match each Hebrew word with the most appropriate English word. [AND NO, CONCENTRATE/DIRECT, FIRST, FULFILL HIS OBLIGATION, HIS HEART, HIS OBLIGATION, IN PASUK, NO, THAT IT, THE HANDS OF, THE ONE WHO READS]

	הקורא
	את
	שמע
	ולא
	כוון
	לבו
	בפסוק
	ראשון
	שהוא
	שמע
	ישראל,
	לא
	יצא
	ידי
	חובתו.

שולחן ערוך אורח חיים הלכות קריאת שמע סימן ס

הקורא את שמע ולא כוון לבו בפסוק ראשון שהוא שמע ישראל, לא יצא ידי חובתו.

Please write the above passage in your own words in clear English.

Please write the above passage the way we translated it in class.

Read the Hebrew passage below. Then read the English words. Finally, match each Hebrew word with the most appropriate English word. [ABLE, HE SHOULD CONCENTRATE, IN ALL, IN AVOT, NEED, ONE WHO DAVENS, THAT HE SHOULD CONCENTRATE, TO CONCENTRATE]

המתפלל
צריך
שיכוין
בכל
הברכות,
*ואם
אינו
יכול
לכוין
בכולם,
לפחות - AT LEAST
יכוין
באבות.

שולחן ערוך אורח חיים הלכות תפלה סימן קא

המתפלל צריך שיכוין בכל הברכות, ואם אינו יכול לכוין בכולם, לפחות יכוין באבות.

Please write the above passage in your own words in clear English.

Please write the above passage the way we translated it in class.

Read the Hebrew passage below. Then read the English words. Finally, match each Hebrew word with the most appropriate English word. [HE MAY ADD, HE SHOULD REQUEST, HE WANTED, HOW IS THIS, IN ALL, IN THE BRACHA OF, IN THE BRACHA OF, MERCY, NEED, ON HIM, ON IT, SICK PERSON, THE BRACHA, TO ADD, TO HIM, WAS, WAS, WHAT ONE NEEDS]

אם*
רצה
להוסיף
בכל
ברכה
מהאמצעית, - FROM THE MIDDLE ONES
מעין - SIMILAR TO
הברכה,
מוסיף.
כיצד,*
היה
לו
חולה
מבקש - REQUEST
עליו
רחמים
בברכת
רפאנו;
היה
צריך
פרנסה,
מבקש

עליה
בברכת
השנים.

שולחן ערוך אורח חיים הלכות תפלה סימן קיט סעיף א

אם רצה להוסיף בכל ברכה מהאמצעית, מעין הברכה, מוסיף. כיצד, היה לו חולה מבקש עליו רחמים בברכת רפאנו; היה צריך פרנסה, מבקש עליה בברכת השנים.

Please write the above passage in your own words in clear English.

Please write the above passage the way we translated it in class.

Read the Hebrew passage below. Then read the English words. Finally, match each Hebrew word with the most appropriate English word. [AND NEVERTHELESS, AND PRAISES, AND SPECIFICALLY, BECAUSE, FOR WHO, FROM HA'E-L, IN PESUKIM, IN PRAISE OF, IN SHEMONEH ESREI, IT, MOREREQUESTS, THAT HE SHOULD SAY, THAT HE WANTS, THAT MAN, THAT NO, THE SAGES, TO ADD, WITH HER/IT]

אין
להוסיף
על
תאריו - DESCRIPTIONS
של
הקדוש
ברוך
הוא,
יותר
מהא-ל
הגדול
הגבור
והנורא;
*ודוקא
בתפלה,
*מפני
שאין
לשנות - TO CHANGE
ממטבע - FROM THE COIN
שטבעו - THAT THEY COINED
חכמים,
*אבל

בתחנונים - IN SUPPLICATIONS
או*
בקשות
ושבחים
שאדם
אומר
מעצמו, - FROM HIMSELF
לית - NO
לן - TO US
בה;
ומכל-מקום*
נכון - PROPER
למי
שירצה
להאריך - TO MAKE LONG
בשבחי
המקום, - HASHEM
שיאמר
אותו
בפסוקים.

שולחן ערוך אורח חיים הלכות תפלה סימן קיג סעיף ט

אין להוסיף על תאריו של הקדוש ברוך הוא, יותר מהאל הגדול הגבור והנורא; ודוקא בתפלה, מפני שאין לשנות ממטבע שטבעו חכמים, אבל בתחנונים או בקשות ושבחים שאדם אומר מעצמו, לית לן בה; ומכל מקום נכון למי שירצה להאריך בשבחי המקום, שיאמר אותו בפסוקים.

Please write the above passage in your own words in clear English.

Please write the above passage the way we translated it in class.

Read the Hebrew passage below. Then read the English words. Finally, match each Hebrew word with the most appropriate English word. [ABLE, ABLE, AND HE SHOULD RETURN, AND HE WENT UP, AND NOW, AND THE DAVENER, AND WHO, BECAUSE, BECAUSE, CHIEF RABBI, HIS PRAYER, HIS PRAYER, IN CITY, IN HOUR, IN THE CONGREGATION, IN THEIR PRAYERS, IN WORD, INDIVIDUALS, IT IS ALSO THE LAW, LIKE LAW, ON HIM, ON HIM, ON THEM, THAT HE BEGINS, THAT MOST, THAT NEEDS, THAT NO, THAT THE CHAZZAN, THAT THEY FINISH, THE CHAZZAN, THE CITY, THE DAVENER, THE MEN, THE PUBLIC, THE PUBLIC, THE PUBLIC, THERE IS, THEREFORE, THEREFORE, THEY ARE DOING, THEY CUSTOM, THEY DAVEN, THEY MAKE LONG, THEY, TO GO, TO HIS PLACE, TO MAKE LONG, TO SAY, TO THE CHAZZAN, TO WAIT, UNTIL, WHEN HE WAS, WITH, WORD]

אם*
יש
יחידים
בקהל
מאריכין - THEY MAKE LONG
בתפלתן,
אין
לש"ץ
להמתין - TO WAIT
עליהם
אפי'*
היו
חשובי - THE IMPORTANT ONES OF
העיר
מפני*
טורח - EFFORT
הציבור
ועכשיו - AND NOW
נהגו

שהש"ץ
ממתין - HE WAITS
עד
שיסיים
האב"ד - THE CHIEF RABBI
את
תפלתו
לפי
שרוב
האנשים
מתפללין
במרוצה - IN A RUSH
והמתפלל
מלה - WORD
במלה - IN WORD
לא
יוכל
לומר
קדושה
עם
הצבור
*לכן
ממתינים - THEY WAIT
כי
הם

עושים
שלא
כדין
לפיכך*
אם
אין
אב"ד
בעיר
ה"ה*
דימתינו - THAT THEY SHOULD WAIT
על
המתפלל
מלה
במלה
אבל*
כשמאריך - WHEN HE MAKES LONG
אין
להמתין
עליו
וכמ"ש - AND LIKE THEY WROTE
על
ר"ע - RABBI AKIVA
כשהיה
מתפלל
עם

הצבור
היה
מקצר - SHORTEN
ועולה.
ומי
שצריך
להאריך
וירא - AND HE FEARS
שיתלוצצו - THAT THEY WILL MAKE FUN
עליו
יכול
לילך
לאחוריו - TO BEHIND HIM
בשעה
שמתחיל - THAT HE BEGINS
הש"ץ
*אף-על-פי
שעדיין - THAT STILL
לא
גמר - COMPLETED
תפלתו
ויחזור
למקומו
ויגמור. - AND HE SHOULD COMPLETE IT

משנה ברורה סימן קכד ס"ק יג

אם יש יחידים בקהל מאריכין בתפלתן, אין לש"ץ להמתין עליהם אפי' היו חשובי העיר מפני טורח הציבור ועכשיו נהגו שהש"ץ ממתין עד שיסיים האב"ד את תפלתו לפי שרוב האנשים מתפללין במרוצה והמתפלל מלה במלה לא יוכל לומר קדושה עם הצבור לכן ממתינים כי הם עושים שלא כדין לפיכך אם אין אב"ד בעיר ה"ה דימתינו על המתפלל מלה במלה אבל כשמאריך אין להמתין עליו וכמ"ש על ר"ע כשהיה מתפלל עם הצבור היה מקצר ועולה. ומי שצריך להאריך וירא שיתלוצצו עליו יכול לילך לאחוריו בשעה שמתחיל הש"ץ אף על פי שעדיין לא גמר תפלתו ויחזור למקומו ויגמור.

Please write the above passage in your own words in clear English.

Please write the above passage the way we translated it in class.

Read the Hebrew passage below. Then read the English words. Finally, match each Hebrew word with the most appropriate English word. [9, 9, ALL, AND HE SHOULD CONCENTRATE, AND TO ANSWER, AND TO CONCENTRATE, CLOSE, HE RETURNS, HE SHOULD MAKE, HIS BERACHOT, MAN, THE CONGREGATION, THE SHEMONEH ESREI, THERE IS, THEREFORE, THEY ARE CONCENTRATING, TO BE, TO HIS BERACHOT, TO THEM, WHEN THE CHAZZAN]

	כשש"צ
	חוזר
	התפלה,
	הקהל
	יש
	להם
	לשתוק - TO BE QUIET
	ולכוין
	לברכות
	שמברך
	החזן
	ולענות
	אמן;
	ואם*
	אין
	ט'
	מכוונים
	לברכותיו,
	קרוב
	להיות
	ברכותיו

לבטלה; - NULL AND VOID
*לכן
כל
אדם
יעשה
עצמו
כאילו - AS IF
אין
ט'
זולתו, - EXCEPT HIM
ויכוין
לברכת
החזן.

שולחן ערוך אורח חיים הלכות תפלה סימן קכד

כשש"צ חוזר התפלה, הקהל יש להם לשתוק ולכוין לברכות שמברך החזן ולענות אמן; ואם אין ט' מכוונים לברכותיו, קרוב להיות ברכותיו לבטלה; לכן כל אדם יעשה עצמו כאילו אין ט' זולתו, ויכוין לברכת החזן.

Please write the above passage in your own words in clear English.

Please write the above passage the way we translated it in class.

Read the Hebrew passage below. Then read the English words. Finally, match each Hebrew word with the most appropriate English word. [AFTER, ALL, AND I, AND THEY SHOULD ANSWER, AND WITH CONCENTRATION, BELIEVE, IN HIS HEART, IN THIS, OR, SHE/IT, THAT HE BLESSED, THAT HE SHOULD CONCENTRATE, THAT THEY FULFILLED THEIR OBLIGATION, THE BRACHA, THE HANDS OF, THE ONE WHO BLESSED, THEM, THEM, THEY FULFILLED THEIR OBLIGATION, TRUTH, WHETHER]

	ויענו:
	אמן,
	אחר
	כל
	ברכה,
	*בין
	אותם
	שיצאו
	ידי
	תפלה,
	*בין
	אותם
	שלא
	יצאו,
	ובכוונה
	שיכוין
	בלבו:
	אמת
	היא
	הברכה

שבירך
המברך,
ואני
מאמין
בזה.

ויענו: אמן, אחר כל ברכה, בין אותם שיצאו ידי תפלה, בין אותם שלא יצאו, ובכוונה שיכוין בלבו: אמת היא הברכה שבירך המברך, ואני מאמין בזה.

Please write the above passage in your own words in clear English.

Please write the above passage the way we translated it in class.

הלכות תפלה
Unit 5

זמני היום

Read the Hebrew passage below. Then read the English words. Finally, match each Hebrew word with the most appropriate English word. [AND IF, AND IF, AND MAKE A BRACHA, AND SO TOO, BEFORE, BETWEEN, FOR EXAMPLE, FROM ALOT, HASHACHAR, HE WORE IT, IN IT, IN SELICHOT, MAKE A BRACHA, MAKE A BRACHA, NO, ON, ON IT, ON IT, SOME SAY, THAT IN IT, THAT IN IT, THAT MAKE A BRACHA, THE DAY, THE TECHELET, THE TZITZIT, TO THE WHITE, TO YES, WE CUSTOM]

מאימתי - FROM WHEN
מברך
על
הציצית
בשחר, - IN THE MORNING
משיכיר - FROM WHEN HE RECOGNIZES
בין
תכלת
שבה
ללבן
שבה.
ואם*
לבשו - HE WORE IT
מעלות
השחר
ואילך, - AND ONWARDS
י"א*
דמברך
עליו,
וכן
נוהגין.

‏*ואם
לבשו
קודם
לכן,
*כגון
בסליחות,
לא
יברך
עליו,
וכשיאיר - AND WHEN IT LIGHTS UP
היום
ימשמש - HE SHOULD FEEL
בו
ויברך

מאימתי מברך על הציצית בשחר, משיכיר בין תכלת שבה ללבן שבה. ואם לבשו מעלות השחר ואילך, י"א דמברך עליו, וכן נוהגין (מרדכי פ"ב דמגילה). ואם לבשו קודם לכן, כגון בסליחות, לא יברך עליו, וכשיאיר היום ימשמש בו ויברך

Please write the above passage in your own words in clear English.

Please write the above passage the way we translated it in class.

Read the Hebrew passage below. Then read the English words. Finally, match each Hebrew word with the most appropriate English word. [4, AMOT, FROM WHEN HE SEES, HIS FRIEND, IN THE MORNING, TIME, WITH HIM]

זמן
הנחתן - THEIR PUTTING ON
בבוקר,
משיראה
את
חבירו
הרגיל - THAT IS REGULAR
עמו
קצת, - A BIT
ברחוק - IN DISTANCE
ד'
אמות,
ויכירנו. - AND RECOGNIZE HIM

שולחן ערוך אורח חיים הלכות תפילין סימן ל

זמן הנחתן בבוקר, משיראה את חבירו הרגיל עמו קצת, ברחוק ד' אמות, ויכירנו.

Please write the above passage in your own words in clear English.

Please write the above passage the way we translated it in class.

Read the Hebrew passage below. Then read the English words. Finally, match each Hebrew word with the most appropriate English word. [3, 4, A BIT, AMOT, AND MITZVAH, AND RASHI, AND RECOGNIZE HIM, BEFORE, END, EXPLAINED, EXPLANATION, FROM WHEN HE SEES, FROM, HACHAMAH,HER TIME, HIS FRIEND, HOURS, IN DISTANCE, KRIAT, MEN, OF, SHACHARIT, SHEMA, STUDENTS, THAT HE IS, THAT THEY WERE, THE DAY, THE MITZVOT, THE NETZ, THE REGULAR, TIME, TO READ HER, TO READ HER, UNTIL, WITH HIM]

	זמן
	קריאת
	שמע
	של
	שחרית,
	משיראה
	את
	חבירו
	הרגיל
	עמו
	קצת,
	ברחוק
	ד'
	אמות,
	ויכירנו.
AND IT EXTENDS - ונמשך	
	זמנה
	עד
	סוף
	ג'
	שעות,

שהוא
רביע - ONE QUARTER
היום.
ומצוה
מן
המובחר - THE BEST
לקרותה
כוותיקין - LIKE VASIKIN
(פי*)
תלמידים.
ורש"י
פי'
אנשים
ענוים - HUMBE
ומחבבים - AND LOVING
(המצות)
שהיו
מכוונים - MEASURING EXACTLY
לקרותה
מעט - A LITTLE
קודם
הנץ
החמה

שולחן ערוך אורח חיים הלכות קריאת שמע סימן נח

זמן קריאת שמע של שחרית, משיראה את חבירו הרגיל עמו קצת, ברחוק ד' אמות, ויכירנו. ונמשך זמנה עד סוף ג' שעות, שהוא רביע היום. ומצוה מן המובחר לקרותה כוותיקין (פי' תלמידים. ורש"י פי' אנשים ענוים ומחבבים המצות) שהיו מכוונים לקרותה מעט קודם הנץ החמה

Please write the above passage in your own words in clear English.

Please write the above passage the way we translated it in class.

Read the Hebrew passage below. Then read the English words. Finally, match each Hebrew word with the most appropriate English word. [AMUD, AND THE KNOWLEDGE, FROM THE TIME OF, FROM TIME, HACHAMAH, HASHACHAR, HOURS, THE 3, THE NETZ, THESE, WROTE]

ומונין - AND WE COUNT
אלו
הג'
שעות
מזמן
עמוד
השחר
כן - THUS
כתב
המ"א - the SEFER MAGEN AVRAHAM
ודעת
הגר"א - the VILNA GAON
משעת
הנץ
החמה

משנה ברורה סימן נח ס"ק ד

ומונין אלו הג' שעות מזמן עמוד השחר כן כתב המ"א ודעת הגר"א משעת הנץ החמה

Please write the above passage in your own words in clear English.

Please write the above passage the way we translated it in class.

Read the Hebrew passage below. Then read the English words. Finally, match each Hebrew word with the most appropriate English word. [AFTER, AND HE FULFILLS HIS OBLIGATION, BARUCH SHEM KEVOD MALCHUTO LEOLAM VAED, BECAUSE, GOOD, IN HER TIME, IN SHACHARIT, KRIAT, SHEMA, SHEMA, THAT NOT, TO READ HER, TO SAY, WITH THIS, WITH, YISRAEL]

טוב
לומר
בשחרית
אחר
שמע
ישראל
*וגו': - ETC
בשכמל"ו,
כי
לפעמים - AT TIMES
שוהין - THEY WAIT
עם
קריאת
שמע
לקרותה
שלא
בזמנה
ויוצא
בזה.

שולחן ערוך אורח חיים הלכות ברכות השחר ושאר ברכות סימן מו

טוב לומר בשחרית אחר שמע ישראל וגו': בשכמל"ו, כי לפעמים שוהין עם קריאת שמע לקרותה שלא בזמנה ויוצא בזה

Please write the above passage in your own words in clear English.

Please write the above passage the way we translated it in class.

Read the Hebrew passage below. Then read the English words. Finally, match each Hebrew word with the most appropriate English word. [3, 4, 4, ALL, ALL, AND IF, AND NO, AND NO, AND NO, END, EVEN THOUGH, HER BERACHOT, HER, HOUR, HOUR, HOUR, IF, IN HER TIME, LIKE READ, PASSED, READ HER, READ HER, READ HER, READ, THAT HE IS, THAT HER TIME, THE 3, THE DAY, THE DAY, THE HOUR, TO HIM, UNTIL, WITH HER BERACHOT, WITHOUT]

*אַף-עַל-פִּי
שזמנה
נמשך - EXTENDS
עד
סוף
השעה
הג',
*אם
עברה - PASSED
שעה
ג'
ולא
קראה
קורא
אותה
בברכותיה
כל
שעה
ד'
שהוא
שליש - ONE THIRD

היום,
ואין
לו
שכר - REWARD
כקורא
בזמנה.
ואם*
עברה
שעה
ד'
ולא
קראה,
קוראה
בלא
ברכותיה
כל
היום.

אף על פי שזמנה נמשך עד סוף השעה הג', אם עברה שעה הג' ולא קראה קורא אותה בברכותיה כל שעה ד' שהוא שליש היום, ואין לו שכר כקורא בזמנה. ואם עברה שעה ד' ולא קראה, קוראה בלא ברכותיה כל היום.

Please write the above passage in your own words in clear English.

Please write the above passage the way we translated it in class.

Read the Hebrew passage below. Then read the English words. Finally, match each Hebrew word with the most appropriate English word. [4, 4, AFTER, AMUD, AND AFTER, AND HE PRAYED, AND IF, AND IF, AND IT EXTENDS, CHATZOT, CHATZOT, COMMENT OF THE RAMO, DAVENING, END, EVEN THOUGH, FORBIDDEN, FROM WHEN HE WENT UP, HACHAMAH, HASHACHAR, HE FULFILLED HIS OBLIGATION, HE PRAYED, HER MITZVAH, HER TIME, HOURS, HOURS, IN HER TIME, LIKE DAVENING, LIKE IT IS WRITTEN, MISTAKE, ONE THIRD, OR, PASSED, REWARD, REWARD, SHACHARIT, SHACHARIT, SUN, THAT IT IS, THAT NOT, THE DAY, THE EAST, THE FACE OF, THE NETZ, THE PRAYER OF, THE PRAYER OF, TIME, TO DAVEN, TO HIM, UNTIL, UNTIL, WITH, WITH]

זמן
תפלת
השחר,
מצוותה
שיתחיל - THAT HE SHOULD BEGIN
עם
הנץ
החמה,
כדכתיב:*
ייראוך - THEY WILL FEAR YOU
עם
שמש
ואם*
התפלל
משעלה
עמוד
השחר
והאיר - AND LIT UP
פני

המזרח,
יצא.
ונמשך
זמנה
עד
סוף
ד'
שעות
שהוא
שליש
היום.
*ואם
טעה,
*או
עבר,
והתפלל
אחר
ד'
שעות
עד
חצות,
*אף-על-פי
שאין
לו
שכר

כתפלה
בזמנה,
שכר
תפלה
מיהא - NEVERTHELESS
איכא. - THERE IS
*הגה:
ואחר
חצות
אסור
להתפלל
תפלת
שחרית

שולחן ערוך אורח חיים הלכות תפלה סימן פט סעיף א

זמן תפלת השחר, מצוותה שיתחיל עם הנץ החמה, כדכתיב: ייראוך עם שמש (תהילים עב, ה) ואם התפלל משעלה עמוד השחר והאיר פני המזרח, יצא. ונמשך זמנה עד סוף ד' שעות שהוא שליש היום. ואם טעה, או עבר, והתפלל אחר ד' שעות עד חצות, אף על פי שאין לו שכר כתפלה בזמנה, שכר תפלה מיהא איכא. הגה: ואחר חצות אסור להתפלל תפלת שחרית

Please write the above passage in your own words in clear English.

Please write the above passage the way we translated it in class.

Read the Hebrew passage below. Then read the English words. Finally, match each Hebrew word with the most appropriate English word. [AND NO, DAVEN, DAVENED, MINCHA, OR, SHACHARIT, TWO]

טעה - ERRED
*או
נאנס - FORCED
ולא
התפלל
שחרית,
מתפלל
מנחה
שתים

שולחן ערוך אורח חיים הלכות תפלה סימן קח סעיף א

טעה או נאנס ולא התפלל שחרית, מתפלל מנחה שתים

Please write the above passage in your own words in clear English.

Please write the above passage the way we translated it in class.

Read the Hebrew passage below. Then read the English words. Finally, match each Hebrew word with the most appropriate English word. [AND NO, DAVENED, EVEN, IN THE PRAYER, NO, ONE, PRAYER, TO HER, TO HER]

הזיד - ON PURPOSE
ולא
התפלל
תפלה
אחת,
אין
לה
תשלומין - PAYBACK
אפי'*
בתפלה
הסמוכה - THAT IS CLOSE
לה

הזיד ולא התפלל תפלה אחת, אין לה תשלומין אפי' בתפלה הסמוכה לה

Please write the above passage in your own words in clear English.

Please write the above passage the way we translated it in class.

Read the Hebrew passage below. Then read the English words. Finally, match each Hebrew word with the most appropriate English word. [89, ALONE, ALSO, ALSO, AND ALSO, AND HE SHOULD DAVEN, BECAUSE, FOUR, HE SHOULD READ, HE, HOURS, IF, IN HER TIME, IN SIMAN, KRIAT SHEMA, LIKE LATER ON, NO, ON THEM, ON, ONLY, PRAYER, RATHER, THAT HE IS, THAT THE PUBLIC, THE BERACHOT OF, THE BERACHOT, THE TIME, THEIR HAND, TIME, TO HIM, UNTIL, WITH HER BERACHOT]

אם*
הוא
ירא - AFRAID
שהצבור
יעברו - THEY WILL PASS
גם
זמן
ברכות
ק"ש
אין
לו
להמתין - TO WAIT
עליהם
כלל - AT ALL
כי
יפסיד - HE WILL LOSE
על
ידם
הברכות
וגם
הזמן

תפלה
שהוא
ג"כ
לכתחלה - IDEALLY
רק
עד
ארבע
שעות
*כדלקמן
בסימן
פ"ט
*אלא
יקרא
בזמנה
בברכותיה
ויתפלל
ביחידי

משנה ברורה סימן מו ס"ק לב

אם הוא ירא שהצבור יעברו גם זמן ברכות ק"ש אין לו להמתין עליהם כלל כי יפסיד על ידם הברכות וגם הזמן תפלה שהוא ג"כ לכתחלה רק עד ארבע שעות כדלקמן בסימן פ"ט אלא יקרא בזמנה בברכותיה ויתפלל ביחידי

Please write the above passage in your own words in clear English.

Please write the above passage the way we translated it in class.

Read the Hebrew passage below. Then read the English words. Finally, match each Hebrew word with the most appropriate English word. [11, 6, ABLE, AFTER THE FACT, ALL, ALWAYS, AND DAVENS, AND DAVENS, AND EVEN, AND HALF, AND IF, AND IF, AND SO TOO, AND THEY ARE, ND TO RABBI, AND TO UP, AND UPWARDS, AND UPWARDS, AND UPWARDS, BEFORE, COMMENT OF THE RAMO, DAVEN, DOES, END, FROM 9, FROM PLAG, FROM PLAG, FROM PLAG, FULFILLED HIS OBLIGATION, HACHAMAH, HAMINCHA, HAMINCHA, HAMINCHA, HAMINCHA, HE DAVENED, HE DOES,HE FULFILLED HIS OBLIGATION, HER TIME, HOUR, HOURS, HOURS, HOURS, HOURS, HOURS, IF, IN THAT, LIKE RABBI, LIKE THE RABBIS, MAARIV, MAARIV, MAARIV, MAARIV, MINCHA, MINCHA, MINCHA, NEED, NO, NO, PLACE, PLAG, SHA'OT, SHKIAT, THAT DAVENED, THAT HE WILL DO, THAT IF, THAT IS, THAT NOT, THAT THEY CUSTOM, THE DAY, THE DAY, THE MINCHA, THE NIGHT, THE NIGHT, THE NIGHT, THE PRAYER OF, THE PRAYER OF, THE PRAYER OF, THE PRAYER OF, THE SAGES, THESE, THESE, TO 12, TO AFTER, TO DAVEN, TO DAVEN, TO DAVEN, TO HOURS, TO THE RABBIS, UNTIL, UNTIL, UNTIL, UNTIL, UNTIL, WE MEASURE, WE MEASURE, WHO, WITH HOURS, YEHUDA, YEHUDAH, ZEMANIYOT]

מי
שהתפלל
תפלת
המנחה
לאחר
ו'
שעות
ומחצה - AND HALF
ולמעלה, - AND UPWARDS
יצא.
ועיקר - AND THE MAIN
זמנה
מט'
שעות
ומחצה
ולמעלה
עד

הלילה
לרבנן,
ולרבי
יהודה
עד
פלג
המנחה
שהוא
עד
סוף
י"א
שעות
חסר - LESS
רביע. - ONE QUARTER
*הגה:
ומשערי' - AND WE MEASURE
שעות
אלו
לפי - BASED ON
ענין - THE TOPIC OF
היום,
*ואף
*אם
היום
ארוך - LONG

	משערינן
	לי"ב
	שעות
	והם
נקראים - CALLED	
	שעות
	זמניות,
	*וכן
	כל
	מקום
ששיערו - THAT THEY MEASURED	
	חכמים
	בשעות,
	משערינן
	לשעות
	אלו,
ואסיקנא, - AND WE CONCLUDED	
דעבד - THAT WHO DOES	
כמר, - LIKE MR.	
עבד; - HAS DONE	
ודעבד - AND WHO DOES	
כמר, - LIKE MR.	
עבד; - HAS DONE	
והוא - AND IT IS	
	שיעשה

לעולם
כחד - LIKE ONE
מינייהו, - FROM THEM
שאם
עושה
כרבנן
ומתפלל
מנחה
עד
הלילה,
שוב - GO BACK
אינו
יכול
להתפלל
ערבית
מפלג
המנחה
ולמעלה;
ואם
עושה
כר'
יהודה
ומתפלל
ערבית
מפלג

המנחה
ולמעלה,
צריך
ליזהר - TO BE CAREFUL
שלא
יתפלל
מנחה
באותה
שעה;
ועכשיו - ADN NOW
שנהגו
להתפלל
תפלת
מנחה
עד
הלילה,
אין
להתפלל
תפלת
ערבית
קודם
שקיעת
החמה;
ואם
בדיעבד*

התפלל
תפלת
ערבית
מפלג
המנחה
ולמעלה,
יצא.

מי שהתפלל תפלת המנחה לאחר ו' שעות ומחצה ולמעלה, יצא. ועיקר זמנה מט' שעות ומחצה ולמעלה עד הלילה לרבנן, ולרבי יהודה עד פלג המנחה שהוא עד סוף י"א שעות חסר רביע. הגה: ומשערי' שעות אלו לפי ענין היום, ואף אם היום ארוך משערינן לי"ב שעות והם נקראים שעות זמניות, וכן כל מקום ששיערו חכמים בשעות, משערינן לשעות אלו (רמב"ם בפי' המשנה בפ"ק דברכות), ואסיקנא, דעבד כמר, עבד; ודעבד כמר, עבד; והוא שיעשה לעולם כחד מינייהו, שאם עושה כרבנן ומתפלל מנחה עד הלילה, שוב אינו יכול להתפלל ערבית מפלג המנחה ולמעלה; ואם עושה כר' יהודה ומתפלל ערבית מפלג המנחה ולמעלה, צריך ליזהר שלא יתפלל מנחה באותה שעה; ועכשיו שנהגו להתפלל תפלת מנחה עד הלילה, אין להתפלל תפלת ערבית קודם שקיעת החמה; ואם בדיעבד התפלל תפלת ערבית מפלג המנחה ולמעלה, יצא.

Please write the above passage in your own words in clear English.

Please write the above passage the way we translated it in class.

Read the Hebrew passage below. Then read the English words. Finally, match each Hebrew word with the most appropriate English word. [AND HE DAVENS, AND HE SHOULD DAVEN, AND HE SHOULD DAVEN, AND IF, AND IF, AND IF, AND READ, AND WITH HER BERACHOT, BEFORE, BERACHOT, BERACHOT, COMMENT OF THE RAMO, DAY, DAY, EVEN THOUGH, FROM HOUR OF, HE IS, HE READ HER, HE SHOUD READ, HE SHOULD READ, HE SHOULD RETURN, HE, HER, HOWEVER, IN NIGHT, IN NIGHT, IN NO, KRIAT SHEMA, KRIAT, KRIAT, KRIAT, LIKE ARROGANCE, NO, NO, RETURN, SHEMA, SHEMA, SHEMA, STARS, THAT HE RETURNS, THAT HE WENT OUT, THAT THE PUBLIC, THE GOING OUT OF, THE NIGHT, THE PUBLIC, THEY EARLY, THREE, TIME, TIME, TO READ, TO YES, UNLESS, UNTIL, WHAT, WITH THEM, WITH THEM, WITHOUT]

זמן
קריאת
שמע
בלילה
משעת
יציאת
שלשה
כוכבים
קטנים, - SMALL
ואם*
הוא
יום
מעונן - CLOUDY
ימתין - HE SHOULD WAIT
עד
שיצא
הספק - THE UNCERTAINTY
מלבו; - FROM HIS HEART
ואם*

קראה
קודם - BEFORE
לכן,
חוזר
וקורא
אותה
בלא
ברכות;
ואם*
הצבור
מקדימים - DO EARLY
לקרות
ק"ש
מבעוד - FROM WHEN STILL
יום,
יקרא
עמהם
קריאת
שמע
וברכותיה
ויתפלל
עמהם,
וכשיגיע - AND WHEN IT REACHES
זמן,
קורא

קריאת
שמע
בלא
ברכות.
*הגה:
ומיהו
לא
יחזור
ויתפלל
בלילה
*אף-על-פי
שהצבור
מקדימים
הרבה - A LOT
לפני
הלילה,
*אלא-א"כ
הוא
רגיל - REGULAR
בשאר - IN OTHER
פרישות - ABSTENTIONS
וחסידות - AND PIOUSNESSES
דאז - THAT THEN
לא
מתחזי - LOOKS

| כיוהרא |
| מה |
| שיחזור |
| ויתפלל |

שולחן ערוך אורח חיים הלכות ק"ש ותפלה של ערבית סימן רלה

זמן קריאת שמע בלילה משעת יציאת שלשה כוכבים קטנים, ואם הוא יום מעונן ימתין עד שיצא הספק מלבו; ואם קראה קודם לכן, חוזר וקורא אותה בלא ברכות; ואם הצבור מקדימים לקרות ק"ש מבעוד יום, יקרא עמהם קריאת שמע וברכותיה ויתפלל עמהם, וכשיגיע זמן, קורא קריאת שמע בלא ברכות. הגה: ומיהו לא יחזור ויתפלל בלילה אף על פי שהצבור מקדימים הרבה לפני הלילה, אלא א"כ הוא רגיל בשאר פרישות וחסידות דאז לא מתחזי כיוהרא מה שיחזור ויתפלל

Please write the above passage in your own words in clear English.

Please write the above passage the way we translated it in class.

Read the Hebrew passage below. Then read the English words. Finally, match each Hebrew word with the most appropriate English word. [AMUD, AND HER TIME, AND IF, AND READ, HAKOCHAVIM, HALF, HASHACHAR, HE FULFILLED HIS OBLIGATION, IN TZEIT, KRIAT SHEMA, NEED, PASSED, THAT NO, THE HANDS OF, THE NIGHT, TO READ, UNTIL, UNTIL]

*לכתחלה - IDEALLY
צריך
לקרות
ק"ש
מיד - RIGHT AWAY
בצאת
הכוכבים,
וזמנה
עד
חצי
הלילה;
*ואם
עבר
ואיחר - AND DELAYED
וקרא
עד
שלא
עלה - CAME UP
עמוד
השחר,
יצא
ידי

99

שולחן ערוך אורח חיים הלכות ק"ש ותפלה של ערבית סימן רלה

לכתחלה צריך לקרות ק"ש מיד בצאת הכוכבים, וזמנה עד חצי הלילה; ואם עבר ואיחר וקרא עד שלא עלה עמוד השחר, יצא ידי חובתו.

Please write the above passage in your own words in clear English.

Please write the above passage the way we translated it in class.

Read the Hebrew passage below. Then read the English words. Finally, match each Hebrew word with the most appropriate English word. [58, ABLE, AMUD, AND EVEN THOUGH, AND HE IS, AND LIKE, AND MAKE CLOSE, EARLIER, FIRST, FOR EXAMPLE, FROM TO READ, FROM WHAT, FROM WHEN IT WENT UP, GA'AL YISRAEL, HASHACHAR, HER TIME, IF, IN HER TIME, IN HIS HOUSE, IN THE HOUR OF, IN THE PASUK, KRIAT SHEMA, KRIAT SHEMA, ON, SIMAN, THAT HE SHOULD DAVEN, THAT HE SHOULD DAVEN, THAT IS, THAT IT REACHES, THAT NEED, THAT NOT, THE ROAD, TO DAVEN, TO HIM, TO READ, TO SHEMONEH ESREI, TO SHEMONEH ESREI, TO THE ROAD, UNTIL]

בשעת
הדחק, - PRESSURE
כגון*
שצריך
להשכים - TO GET UP EARLY
לדרך,
יכול
להתפלל
משעלה
עמוד
השחר
וימתין - AND WAIT
מלקרות
ק"ש
עד
שיגיע
זמנה.
(אם*
אפשר - POSSIBLE
לו

לקרות
ק"ש
על
הדרך,
*דהיינו
שיתכוין - THAT HE SHOULD CONCENTRATE
בפסוק
ראשון
וכמו
שנתבאר - THAT EXPLAINED
*לעיל
סי'
נ"ח),
*ואף-על-פי
שאינו
סומך - MAKE CLOSE
גאולה - THE BRACHA OF GA'AL YISRAEL
לתפלה,
הכי - LIKE THIS
עדיף - BETTER
טפי - MORE
שיתפלל
בביתו
מעומד, - STANDING UP
ממה

שיתפלל
בזמנה
והוא
מהלך - GOING
ויסמוך
גאולה
לתפלה.

בשעת הדחק, כגון שצריך להשכים לדרך, יכול להתפלל משעלה עמוד השחר וימתין מלקרות ק"ש עד שיגיע זמנה. (אם אפשר לו לקרות ק"ש על הדרך, דהיינו שיתכוין בפסוק ראשון וכמו שנתבאר לעיל סי' נ"ח) (ב"י בשם הרשב"א), ואף על פי שאינו סומך גאולה לתפלה, הכי עדיף טפי שיתפלל בביתו מעומד, ממה שיתפלל בזמנה והוא מהלך ויסמוך גאולה לתפלה.

Please write the above passage in your own words in clear English.

Please write the above passage the way we translated it in class.

Read the Hebrew passage below. Then read the English words. Finally, match each Hebrew word with the most appropriate English word. [AND MOST, AND POSSIBLE, BECAUSE, GA'AL YISRAEL, GA'AL YISRAEL, IN THIS, MAKING CLOSE, NO, ON THE ROAD, THAT CUSTOM, THAT MAKING CLOSE, THEREFORE, THEY DAVEN, TO SHEMONEH ESREI, TO SHEMONEH ESREI, WITH]

ורוב
העולם - THE WORLD
אין
נזהרין - CAREFUL
בזה
ואפשר*
משום*
דנוהגים
כאידך - LIKE THE OTHER
פוסקים - HALAKHIC AUTHORITIES
דס"ל - that HOLD
דמסמך
גאולה
לתפלה
עדיף - BETTER
ע"כ*
מתפללין
בדרך
עם
סמיכת
גאולה
לתפלה

ורוב העולם אין נזהרין בזה ואפשר משום דנוהגים כאידך פוסקים דס"ל דמסמך גאולה לתפלה עדיף ע"כ מתפללין
בדרך עם סמיכת גאולה לתפלה

Please write the above passage in your own words in clear English.

Please write the above passage the way we translated it in class.

Read the Hebrew passage below. Then read the English words. Finally, match each Hebrew word with the most appropriate English word. [18, 4, AFRAID, ALSO, ALSO, ALSO, AMUD, AND IF, AND MAKE LOSE, AND NO, AND THERE IS, AND WHEN HE COMES, BERACHOT, GA'AL YISRAEL, HASHACHAR, HE SHOULD DAVEN, HE SHOULD DAVEN, HE SHOULD READ, HE SHOULD READ, HE WILL BE, HE WILL GO UP, HE, HE, HER BERACHOT, HIS COMING, HOURS, IF, IF, IN NIGHT, IN THE HOTEL, IN THE ROAD, IN THE ROAD, IN THE ROAD, KRIAT SHEMA, KRIAT SHEMA, KRIAT SHEMA, MAARIV, MAYBE, NO, NO, ON, ONLY, OR, OR, PLACE, SEES, SHEMONEH ESREI, THAT HE IS, THAT HE WILL PASS, THAT HE, THAT HE, THE HOUSE, THE SONS OF, THERE, THERE, THERE, THERE, THUS, TIME, TIME, TO COME, TO DAVEN, TO DAVEN, TO DAVEN, TO HIM, TO SHEMONEH ESREI, UNTIL, UNTIL, WITH, WROTE]

עוד
כתב
אם*
הוא
בדרך
ומתיירא - AND FEAR
שיעבור - THAT IT WILL PASS
זמן
ק"ש
יקרא
ק"ש
בלי - WITHOUT
ברכות
וכשיבוא
למלון - TO THE HOTEL
יקרא
עוד - AGAIN
הפעם - THE TIME
ק"ש

עם
ברכותיה
ויסמוך
גאולה
לתפלה
ואם*
הוא
רואה
שיעבור
גם
זמן
תפלה
[שהיא
רק
עד
ד'
שעות]
ודאי - CERTAINLY
יתפלל
י"ח
ג"כ
בדרך
מהלך - GOING
או
מיושב - SITTING

וכשנוסע - AND WHEN HE TRAVELS
בלילה
ויכול - AND ABLE
לבוא
במלון
להתפלל
שם
מעריב
נכון - IT IS CORRECT
להתאחר - TO DELAY
להתפלל
עד
בואו
שם
ולא
יתפלל
בעודו - WHEN HE STILL
בדרך
אם*
לא
שהוא
ישן - SLEEP
על
העגלה - THE WAGON
ויש

לחוש - TO WORRY
שמא - MAYBE
בתוך - INSIDE
כך
יעלה
עמוד
השחר...
או*
שהוא
ירא
שמא
לא
יהיה
לו
שם
מקום
מנוחה - REST
להתפלל
שיבלבלוהו - THAT THEY WILL CONFUSE HIM
שם
בני
הבית

משנה ברורה סימן פט ס"ק מב

עוד כתב אם הוא בדרך ומתיירא שיעבור זמן ק"ש יקרא ק"ש בלי ברכות וכשיבוא למלון יקרא עוד הפעם ק"ש עם ברכותיה ויסמוך גאולה לתפלה ואם הוא רואה שיעבור גם זמן תפלה [שהיא רק עד ד' שעות] ודאי יתפלל י"ח ג"כ בדרך מהלך או מיושב [פמ"ג] וכשנוסע בלילה ויכול לבוא במלון להתפלל שם מעריב נכון להתאחר להתפלל עד בואו שם ולא יתפלל בעודו בדרך אם לא שהוא ישן על העגלה ויש לחוש שמא בתוך כך יעלה עמוד השחר ועיין ברל"ה בשע"ת סק"ג או שהוא ירא שמא לא יהיה לו שם מקום מנוחה להתפלל שיבלבלוהו שם בני הבית

Please write the above passage in your own words in clear English.

Please write the above passage the way we translated it in class.

הלכות תפלה

Unit 6

Birchot haShachar

Read the Hebrew passage below. Then read the English words. Finally, match each Hebrew word with the most appropriate English word. [FOR MAN, FROM]

אסור
לו
לאדם
ליהנות - TO HAVE PLEASURE
מן
העוה"ז - THIS WORLD
בלי - WIHTOUT
ברכה.

משנה ברורה סימן מו ס"ק א

אסור לו לאדם ליהנות מן העוה"ז בלי ברכה.

Please write the above passage in your own words in clear English.

Please write the above passage the way we translated it in class.

Read the Hebrew passage below. Then read the English words. Finally, match each Hebrew word with the most appropriate English word. [ALL, AND CONCENTRATE, FROM ANOTHER, HIS WORDS, IN NIGHT, IN SEFER SHA'AREI TESHUVAH, SIXTY, THAT HE SHOULD SEE, THE BERACHOT, THE NIGHT, THE TWO, THEM, THERE IS, THESE, TO FULFILL HIS OBLIGATION, TO HEAR, TO HIM]

ברכת
אלהי
נשמה
וברכת
המעביר
שינה
אין
לברך
אם
היה
ניעור - AWAKE
כל
הלילה
ובפמ"ג - AND IN SEFER PRI MEGADIM
ובשערי - AND IN SEFER SHAAREI
תשובה - TESHUVA
השאירו - THEY LEFT
דבריו
בצ"ע* - WITH IT NEEDS RESEARCH
ומסיק - AND CONCLUDED
בשע"ת
דיראה

לשמוע
אלו
השתי
הברכות
מאחר
ויכוין
לצאת
ואם*
ישן - SLEPT
בלילה
ששים
נישמין - BREATHS
לכו"ע* - TO THE WHOLE WORLD
יש
לו
לברך
אותם.

משנה ברורה סימן מו ס"ק כד

ברכת אלהי נשמה וברכת המעביר שינה אין לברך אם היה ניעור כל הלילה ובפמ"ג ובשערי תשובה השאירו דבריו בצ"ע ומסיק בשע"ת דיראה לשמוע אלו השתי הברכות מאחר ויכוין לצאת ואם ישן בלילה ששים נישמין לכו"ע יש לו לברך אותם.

Please write the above passage in your own words in clear English.

Please write the above passage the way we translated it in class.

Read the Hebrew passage below. Then read the English words. Finally, match each Hebrew word with the most appropriate English word. [AND THEREFORE, AND THEREFORE, AND THEREFORE, BIRCHOT HATORAH, BUSY, EVEN THOUGH, HEARTS, IN THEIR EYES, JUST LIKE, KNEW, LEARNING, LOST/DESTROYED, ON, RATHER, SHE/IT WAS, THAT ALL, THAT ISRAEL/JEWS, THAT THEY LEARN, THAT THEY WERE, THAT, THE LAND, THEY KNEW, THEY MADE BERACHOT, THEY WERE, THING, THIS, TIME, TO THE PROPHETS, WAS ASKED, WHAT, WISDOMS]

דבר
זה
נשאל
לנביאים
על
מה
אבדה - LOST/DESTROYED
הארץ
שישראל
היו
עוסקים
בתורה
ומצינו - AND WE FIND
שכל
זמן
שהיו
עוסקים
בתורה
ויתר - HE OVERLOOKED
הקדוש
ברוך

הוא
על
עוונתיהם - THEIR SINS
*ולכן
לא
ידעו
על
מה
אבדה
והקב"ה
הבוחן - WHO DISCERNS
לבבות
ידע
כי
*אף-על-פי
שהיו
עוסקין
בתורה
לא
היו
עוסקין
לשם - FOR THE SAKE OF
לימוד
התורה
*אלא

כמו
שלומדין
שאר - OTHER/REMAINING
חכמות
ולכן*
לא
ברכו
בה"ת
שלא
היתה
התורה
חשובה - IMPORTANT
בעיניהם
ולכן*
לא
הגינה. - SHE/IT SHIELDED

משנה ברורה סימן מז ס"ק ב

דבר זה נשאל לנביאים על מה אבדה הארץ שישראל היו עוסקים בתורה ומצינו שכל זמן שהיו עוסקים בתורה ויתר הקדוש ברוך הוא על עונותיהם ולכן לא ידעו על מה אבדה והקב"ה הבוחן לבבות ידע כי אף על פי שהיו עוסקין בתורה לא היו עוסקין לשם לימוד התורה אלא כמו שלומדין שאר חכמות ולכן לא ברכו בה"ת שלא היתה התורה חשובה בעיניהם ולכן לא הגינה.

Please write the above passage in your own words in clear English.

Please write the above passage the way we translated it in class.

Read the Hebrew passage below. Then read the English words. Finally, match each Hebrew word with the most appropriate English word. [AND NEVERTHELESS, FROM, HE RETURNS, HE/IT, RATHER/ONLY, THAT HE/IT, THAT IN BERACHOT, THAT SHE/IT, TO HIM]

ברכת
התורה
הוא
מן
התורה
*ולכן
*אם
נסתפק - UNCERTAIN
לו
אם
בירך
ברכת
התורה
חוזר
ומברך
*ומ"מ
*כיון - SINCE
שהוא
לו
ספק - UNCERTAINTY
לא
יברך

אלא
ברכת
אשר
בחר
בנו
שהיא
המעולה - THE LOFTIEST
שבברכות.

משנה ברורה סימן מז ס"ק א

ברכת התורה הוא מן התורה ולכן אם נסתפק לו אם בירך ברכת התורה חוזר ומברך ומ"מ כיון שהוא לו ספק לא יברך אלא ברכת אשר בחר בנו שהיא המעולה שבברכות.

Please write the above passage in your own words in clear English.

Please write the above passage the way we translated it in class.

Read the Hebrew passage below. Then read the English words. Finally, match each Hebrew word with the most appropriate English word. [AND THERE ARE THOSE THAT SAY, BEFORE, EVEN THOUGH, HE SAYS THEM, HE SAYS THEM, HE SHOULD READ, PESUKIM, RATHER/ONLY, SINCE, SUPPLICATIONS, THAT HE/IT, THAT NOT, WAY, WAY]

לא
יקרא
פסוקים
קודם
ברכת
התורה,
*אעפ"י
שהוא
אומרם
דרך
תחנונים. - SUPPLICATIONS
*ויש-אומרים
שאין
לחוש, - TO BE WORRIED
*כיון
שאינו
אומרם
*אלא
דרך
תחנונים.

שולחן ערוך אורח חיים הלכות ברכות השחר ושאר ברכות סימן מו סעיף ט

לא יקרא פסוקים קודם ברכת התורה, אעפ"י שהוא אומרם דרך תחנונים. ויש אומרים שאין לחוש, כיון שאינו אומרם אלא דרך תחנונים.

Please write the above passage in your own words in clear English.

Please write the above passage the way we translated it in class.

Read the Hebrew passage below. Then read the English words. Finally, match each Hebrew word with the most appropriate English word. [AND SIMILARLY, BETWEEN THEM, BETWEEN, HE INTERRUPTED, THAT IF, THAT NOT, THE PARSHA OF, THERE ARE THOSE THAT SAY, THEY HAD A CUSTOM, TO INTERRUPT, TO ITS LEARNING, TO SAY]

*י"א
*שאם
הפסיק
בין
ברכת
התורה
ללמודו,
אין
בכך - IN THIS
כלום, - ANYTHING
והנכון - AND THE PROPER
שלא
להפסיק
ביניהם,
וכן
נהגו
לומר
פרשת
ברכת
כהנים
סמוך - CLOSE TO
לברכת

התורה.

שולחן ערוך אורח חיים הלכות ברכות השחר ושאר ברכות סימן מז סעיף ט

י"א שאם הפסיק בין ברכת התורה ללמודו, אין בכך כלום, והנכון שלא להפסיק ביניהם, וכן נהגו לומר פרשת ברכת כהנים סמוך לברכת התורה.

Please write the above passage in your own words in clear English.

Please write the above passage the way we translated it in class.

Read the Hebrew passage below. Then read the English words. Finally, match each Hebrew word with the most appropriate English word. [AFTER THIS, ALL, AND HE SHOULD ANSWER, AND HE SHOULD SAY, AND HE SHOULD SAY, AND HE, AND THERE ARE THOSE WHO SAY, AND UNCERTAINTY, BECAUSE, BECAUSE, BIRCHOT HATORAH, DAY, FROM ANOTHER, HE SHOULD CONCENTRATE, HE SHOULD SEE, IN ALL, IN MORNING, IN PLACE, IN THE BERACHOT, LEARNING, POSSIBLE, THAT HE SHOULD CONCENTRATE, THAT HE/IT SHOULD BE, THAT NEED, THAT NO NEED, THE NIGHT, THE SAGES, THERE ARE THOSE WHO SAY, THIS, TO FULFILL HIS OBLIGATION, TO HEAR, TO HIM, TO HIM, TO HIM, TO MAKE HIM FULFILL HIS OBLIGATION]

אם*
היה
ניעור - AWAKE
כל
הלילה
*י"א
דא"צ
לברך
בבוקר
*וי"א
דצריך
לברך
כי
קבעו - THEY ESTABLISHED
חכמים
ברכה
זו
בכל
יום
דומיא - SIMILAR

דשאר - THAT OTHER
ברכות
השחר
וספק
ברכות
להקל - TO BE LENIENT
אך - JUST
אם*
אפשר
לו
יראה
לשמוע
בה"ת
מאחר
ויאמר
לו
שיכוין
להוציאו
בהברכות
והוא
יכוין
לצאת
ויענה
אמן
ויאמר

אח"כ
איזה - ANY WHICH
פסוקים
כדי
שיהא
נחשב - CONSIDERED
לו
במקום
לימוד.

משנה ברורה סימן מז ס"ק כח

אם היה ניעור כל הלילה י"א דא"צ לברך בבוקר וי"א דצריך לברך כי קבעו חכמים ברכה זו בכל יום דומיא דשאר ברכות השחר וספק ברכות להקל אך אם אפשר לו יראה לשמוע בה"ת מאחר ויאמר לו שיכוין להוציאו בהברכות והוא יכוין לצאת ויענה אמן ויאמר אח"כ איזה פסוקים כדי שיהא נחשב לו במקום לימוד.

Please write the above passage in your own words in clear English.

Please write the above passage the way we translated it in class.

Read the Hebrew passage below. Then read the English words. Finally, match each Hebrew word with the most appropriate English word. [ALL, AND EVEN, AND SOME OF THEM, AND THE DOOR, AND THERE ARE, BECAUSE, BETWEEN THEM, BETWEEN THEM, DOOR, EVEN THOUGH, EVEN, HOUSES, IN ROOM, IN SEEING, IN TWO, OPEN, OTHER, THAT NOT, THAT THE DOOR, THAT THEY, THERE, THEY COMBINE, THEY DON'T, THEY SEE, THIS, TWO, WHEN NO]

אם*
מקצתם - SOME OF THEM
בחדר - IN ROOM
זה
ומקצתם
בחדר
אחר
אינם
מצטרפין - COMBINE
אף-על-פי*
שהפתח
פתוח
ביניהם
משום* - BECAUSE
דאין
שם
פרצה - BREACH
והפתח
גופא - ITSELF
כמחיצה - LIKE A BARRIER
חשובה - IT IS CONSIDERED

וה"ל - AND IT IS
שני
בתים
*ואפילו
כשאין
דלת
ביניהם
כל
שהם
בשני
רשויות - AREAS
ואין
רואין
זה
את
זה
אין
מצטרפין
ויש
מחמירין - STRICT
אפילו
ברואין.

משנה ברורה סימן נה ס"ק מח

אם מקצתם בחדר זה ומקצתם בחדר אחר אינם מצטרפין אף על פי שהפתח פתוח ביניהם משום דאין שם פרצה והפתח גופא כמחיצה חשובה וה"ל שני בתים ואפילו כשאין דלת ביניהם כל שהם בשני רשויות ואין רואין זה את זה אין מצטרפין ויש מחמירין אפילו ברואין.

Please write the above passage in your own words in clear English.

Please write the above passage the way we translated it in class.

41. שולחן ערוך אורח חיים הלכות ברכות השחר ושאר ברכות סימן נה סעיף כ

Read the Hebrew passage below. Then read the English words. Finally, match each Hebrew word with the most appropriate English word. [1, ABLE, AND THERE ARE THOSE WHO SAY, HE/IT WILL BE, IN PLACE, INTERRUPT, OR, SERVICE OF, STARS, TEN, THAT NEED, THAT NO, THAT NOT, THEY WERE, TO ANSWER, WHO, WITH THEM]

	היו
	עשרה
	במקום
	א'
	ואומרים
	קדיש
	וקדושה,
	*אפילו
	מי
	שאינו
	עמהם
	יכול
	לענות.
	*וי"א
	שצריך
	שלא
	יהא
	מפסיק
	טינוף - DIRTY STUFF
	*או
	עבודת
	כוכבים.

שולחן ערוך אורח חיים הלכות ברכות השחר ושאר ברכות סימן נה סעיף כ

היו עשרה במקום א' ואומרים קדיש וקדושה, אפילו מי שאינו עמהם יכול לענות. וי"א שצריך שלא יהא מפסיק טינוף או עבודת כוכבים.

Please write the above passage in your own words in clear English.

Please write the above passage the way we translated it in class.

Read the Hebrew passage below. Then read the English words. Finally, match each Hebrew word with the most appropriate English word. [248, 3, AFTER, AND HE/IT, BECAUSE, ETC., HE SHOULD SAY, IN PLACE, OF, THAT ALL, THAT THERE IS, THAT THEY WROTE, THE ONE WHO READS, THERE ARE, THESE, TO ANSWER]

יש
שכתבו
דכל
הקורא
קריאת
שמע
ביחיד - IN ALONE
יאמר:
א-ל
מלך
נאמן
שמע
וגו',
כי
ג'
תיבות - WORDS
אלו
משלימין - COMPLETE
המנין - THE NUMBER
של
רמ"ח,
והוא

במקום
אמן
שיש
לענות
אחר
ברוך
הבוחר
בעמו
ישראל
באהבה.

שולחן ערוך אורח חיים הלכות קריאת שמע סימן סא

יש שכתבו דכל הקורא קריאת שמע ביחיד יאמר: אל מלך נאמן שמע וגו', כי ג' תיבות אלו משלימין המנין של רמ"ח, והוא במקום אמן שיש לענות אחר ברוך הבוחר בעמו ישראל באהבה.

Please write the above passage in your own words in clear English.

Please write the above passage the way we translated it in class.

Read the Hebrew passage below. Then read the English words. Finally, match each Hebrew word with the most appropriate English word. [ALEF, ALEF, AND SIMILARLY, AND SIMILARLY, AND THAT NOT, BEAUTIFUL, BECAUSE, BETWEEN THEM, BETWEEN, BETWEEN, BETWEEN, EMPHASIZE, FOR EXAMPLE, FOR EXAMPLE, HE/IT SHOULD BE, IN ALL, IN THE ALEF, IN THE CHET, IN THE DALET, LIKE A RESH, LIKE END, LIKE HAY, LIKE READ, LIKE SERVANTS, LOOK, LOOK, LOOKING, MEM, MOTAM MET, NEED, NEED, NEED, NEED, OF VEHAYU, OR, SHE/IT SHOULD BE, SHE/IT SHOULD BE, SPACE, THAT AFTER, THAT BEFORE HER/IT, THAT NOT, THAT NOT, THAT NOT, THAT NOT, THE AYIN, TISHKERU, TISKERU, TO AF, TO BE HEARD, TO BE HEARD, TO BE HEARD, TO EMPHASIZE, TO INTERRUPT, TO INTERRUPT, TO PUT, TO PUT, TO RECEIVE, VECHARAF, VE-HA-U, WORD, YUD, YUD, ZAYIN, ZAYIN]

ידגיש - EMPHASIZE
בדלי"ת
שלא
תהא
כרי"ש.
לא
יחטוף - ABBREVIATE
בחי"ת
ולא
יאריך - LENGTHEN
באל"ף
...
צריך
להפסיק
בין
נשבע
לה',
כדי
להטעים - TO EXPLAIN

141

יפה
העי"ן
שלא
תהא
נראית
כה"א.
צריך
להתיז - TO EMPHASIZE
זיי"ן
של
תזכרו,
דלא
לשתמע
תשקרו
או
תשכרו,
והוי
כעבדים
המשמשים - THE ONES THAT SERVE
על
מנת - CONDITION
לקבל - TO RECEIVE
פרס. - PRIZE
וכן*
צריך

להתיז
זיי"ן
של
וזכרתם.
ידגיש
יו"ד
של
שמע
ישראל,
שלא
תבלע - SHE/IT SHOULD BE SWALLOWED
ושלא
תראה
אל"ף.
*וכן
יו"ד
דוהיו,
דלא
לשתמע
והאו.
צריך
ליתן
ריוח - SPACE
בין
וחרה

לאף,
דלא
לשתמע
וחרף.
צריך
ליתן
ריוח
בין
תיבה - WORD
שתחילתה - THAT ITS BEGINNING
כסוף
תיבה
שלפניה,
*כגון:
בכל
לבבך;
על
לבבכם;
בכל
לבבכם;
עשב
בשדך;
ואבדתם
מהרה;
הכנף

פתיל;
אתכם
מארץ.
צריך
בכל
אל"ף
שאחר
מ"ם
להפסיק
ביניהם,
*כגון:
ולמדתם
אותם;
וקשרתם
אותם;
ושמתם
את;
וראיתם
אותו;
(וזכרתם
את;
ועשיתם
את),
שלא
יהא

נראה
כקורא:
מותם
מת.

ידגיש בדלי"ת שלא תהא כרי"ש. לא יחטוף בחי"ת ולא יאריך באל"ף ... צריך להפסיק בין נשבע לה', כדי להטעים יפה העי"ן שלא תהא נראית כה"א. צריך להתיז זיי"ן של תזכרו, דלא לשתמע תשקרו או תשכרו, והוי כעבדים המשמשים על מנת לקבל פרס. וכן צריך להתיז זיי"ן של וזכרתם. ידגיש יו"ד של שמע ישראל, שלא תבלע ושלא תראה אל"ף. וכן יו"ד דוהיו, דלא לשתמע והאו. צריך ליתן ריוח בין וחרה לאף, דלא לשתמע וחרף. צריך ליתן ריוח בין תיבה שתחילתה כסוף תיבה שלפניה, כגון: בכל לבבך; על לבבכם; בכל לבבכם; עשב בשדך; ואבדתם מהרה; הכנף פתיל; אתכם מארץ. צריך בכל אל"ף שאחר מ"ם להפסיק ביניהם, כגון: ולמדתם אותם; וקשרתם אותם; ושמתם את; וראיתם אותו; (וזכרתם את; ועשיתם את), שלא יהא נראה כקורא: מותם מת.

Please write the above passage in your own words in clear English.

Please write the above passage the way we translated it in class.

Read the Hebrew passage below. Then read the English words. Finally, match each Hebrew word with the most appropriate English word. [A LITTLE, A LOT, ABLE, AND HE, AND HIS FACE, AND NOT, AND READ, ANIMAL, HE SHOULD READ, HER/IT, HIS SIDE, IN OTHER WORDS, LYING, ON, ON, ON, ONE WHO IS GOING, ONE WHO IS LYING DOWN, ONE WHO IS RIDING, ONE WHO IS SITTING, ONE WHO IS STANDING, OR, OR, OR, OR, READ, SICK, THAT HIS FACE, TO HIS SIDE, TO UPWARDS]

קורא
אותה
מהלך
*או
עומד
*או
שוכב
*או
רוכב
ע"ג - ON THE BACK OF
בהמה
*או
יושב,
*אבל
לא
פרקדן - PRAKDAN
*דהיינו
שפניו
טוחות - SMEARED
בקרקע - IN THE GROUND
*או

מושלך - THROWN
על
גבו - HIS BACK
ופניו
למעלה,
*אבל
קורא
והוא
שוכב
על
צדו. - HIS SIDE
*ואם
היה
בעל - MASTER OF
בשר - FLESH
הרבה
ואינו
יכול
להתהפך - TO TURN OVER
על
צדו,
*או
שהיה
חולה,
נוטה - LEAN

מעט - A LITTLE
לצדו
וקורא.

שולחן ערוך אורח חיים הלכות קריאת שמע סימן סג סעיף א

קורא אותה מהלך או עומד או שוכב או רוכב ע"ג בהמה או יושב, אבל לא פרקדן דהיינו שפניו טוחות בקרקע או מושלך על גבו ופניו למעלה, אבל קורא והוא שוכב על צדו. ואם היה בעל בשר הרבה ואינו יכול להתהפך על צדו, או שהיה חולה, נוטה מעט לצדו וקורא.

Please write the above passage in your own words in clear English.

Please write the above passage the way we translated it in class.

הלכות תפלה
Unit 7

When to Skip

&

When to Interrupt

45. שולחן ערוך אורח חיים הלכות הנהגת אדם בבקר סימן א סעיף ד

Read the Hebrew passage below. Then read the English words. Finally, match each Hebrew word with the most appropriate English word. [CONCENTRATION, FROM A LOT, GOOD, WITH CONCENTRATION, WITHOUT]

טוב
מעט - A LITTLE
תחנונים - SUPPLICATIONS
בכוונה,
מהרבות
בלא
כוונה.

שולחן ערוך אורח חיים הלכות הנהגת אדם בבקר סימן א סעיף ד

טוב מעט תחנונים בכוונה, מהרבות בלא כוונה.

Please write the above passage in your own words in clear English.

Please write the above passage the way we translated it in class.

Read the Hebrew passage below. Then read the English words. Finally, match each Hebrew word with the most appropriate English word. [A LITTLE, A LOT, A LOT, ABLE, ABLE, ABLE, ALSO, AND DO A LITTLE, AND LENGTHEN, AND NEED, AND TO LEARN, AND WHO, BEFORE, BEFORE, CHAZAL, CONCENTRATED, FROM HIS FRIEND, FROM SAYING, FROM THE SAYINGS OF, GOOD, HASHEM, HE WILL LENGTHEN, HEART, HIM, HIS HEART, IN SIDDURIM, IN SUPPLICATIONS, IN SUPPLICATIONS, IN THEIR PLACE, MORE, MORE, SINCE, THAT HE SHOULD LEARN, THAT HE, THAT THERE IS, THE BOOKS OF, THE ONE WHO DOES A LITTLE, THE ONE WHO DOES A LITTLE, THE ONE WHO DOES A LOT, THE ONE WHO DOES A LOT, THE ONE WHO DOES A LOT, THE TOPIC, THE YETZER HORA, THUS, TO CONCENTRATE, TO HEAVEN, TO HIM, TO LEARN]

	*אם
	המרבה
	כיון
	ג"כ
	המרבה
	טוב
	יותר.
	*ואם
	הממעט
	יש
	לו
	FORCED - אונס
	ואינו
	יכול
	TO LENGTHEN - להאריך
	*או
	שהוא
	MEASURES - משער
	IN HIMSELF - בעצמו

שאם
יאריך
לא
יהיה
יוכל
לכוין
וממעט
בתחנונים
ואומרם
בכונה
נחשב - CONSIDERED
לפני
הש"י
כמו - JUST LIKE
אותו
שיש
לו
פנאי - FREEDOM
ומאריך
בתחנונים
בכונה
ועל זה
שנינו - WE LEARNED
אחד
המרבה

ואחד
הממעיט
ובלבד - JUST
שיכוין
לבו
לשמים.
וכן*
לענין - TO THE TOPIC OF
ת"ת - TORAH STUDY
הענין
כן
כי
הכל
תלוי - DEPENDS
לפני
הש"י
אם
עושה
כל
אשר
בכוחו - IN HIS STRENGTH
לעשות.
ומי
שהוא
בעל - A MASTER OF

תורה
ויש
לו
לב
להבין - TO UNDERSTAND
וללמוד
יכול
למנוע - TO PREVENT
מלומר
הרבה
תחנות - SUPPLICATIONS
ובקשות - AND SUPPLICATIONS
הנדפסות - THAT ARE PRINTED
בסידורים
וטוב
יותר
שילמוד
במקומם.
וצריך
האדם
לקבוע - TO ESTABLISH
לו
עת - TIME
ללמוד
ספרי

מוסר - MUSSAR
בכל
יום
ויום
אם
מעט
ואם
הרבה
כי
הגדול
מחבירו
יצרו - HIS YETZER
גדול
הימנו. - FROM HIM
ותבלין - AND THE ANTIDOTE
היצה"ר
הוא
תוכחת - REBUKE
מאמרי
חז"ל.

משנה ברורה סימן א ס"ק יב

אם המרבה כיון ג"כ המרבה טוב יותר. ואם הממעט יש לו אונס ואינו יכול להאריך או שהוא משער בעצמו שאם יאריך לא יהיה יוכל לכוין וממעט בתחנונים ואומרם בכונה נחשב לפני הש"י כמו אותו שיש לו פנאי ומאריך בתחנונים בכוונה וע"ז שנינו אחד המרבה ואחד הממעיט ובלבד שיכוין לבו לשמים. וכן לענין ת"ת ת"ת העינן כן כי כל תלוי לפני הש"י אם עושה כל אשר בכחו לעשות. ומי שהוא בעל תורה ויש לו לב להבין וללמוד יכול למנוע מלומר הרבה תחנות ובקשות הנדפסות בסידורים וטוב יותר שילמוד במקומם. וצריך האדם לקבוע לו עת ללמוד ספרי מוסר בכל יום ויום אם מעט ואם הרבה כי הגדול מחביריו יצרו גדול הימנו. ותבלין היצה"ר הוא תוכחת מאמרי חז"ל.

Please write the above passage in your own words in clear English.

Please write the above passage the way we translated it in class.

Read the Hebrew passage below. Then read the English words. Finally, match each Hebrew word with the most appropriate English word. [LIKE THE VASIKIN, TO READ, TO READ]

הזהירים - THE ONES WHO ARE CAREFUL
לקרות
כוותיקין
מותר
לקרות
ולהתפלל
ביחידי - ALONE
אם
אין
להם
מנין.

ביאור הלכה סימן נח

הזהירים לקרות כוותיקין מותר לקרות ולהתפלל ביחידי אם אין להם מנין.

Please write the above passage in your own words in clear English.

Please write the above passage the way we translated it in class.

Read the Hebrew passage below. Then read the English words. Finally, match each Hebrew word with the most appropriate English word. Please keep in mind that much of this passage consists of quotes from prayers, which should not be translated, just transliterated. [AND AFTER, AND FOUND, AND ITS BERACHOT, BARUCH, BECAUSE, DEZIMRA, HE SHOULD SAY, HE SHOULD SKIP, IN THE END, NOT, ONLY, ONLY, PESUKEI, PESUKIM, SHEAMAR, STILL, THAT IS BEFORE, THE MIZMOR OF, THE PUBLIC, THE PUBLIC, TIME, TIME, TO SHUL, UNTIL, UNTIL, WITH]

*אם
בא
לבהכ"נ
ומצא
צבור
בסוף
פסוקי
דזמרה
אומר:
ברוך
שאמר
עד
מהולל
בתשבחות,
ואח"כ:
תהלה
לדוד
עד
מעתה
ועד
עולם

| הללויה, |
| ואח"כ: |
| הללו |
| את |
| י"י |
| מן |
| השמים |
| עד |
| לבני |
| ישראל |
| עם |
| קרובו |
| הללויה |
| ואח"כ: |
| הללו |
| אל |
| בקדשו |
| עד |
| כל |
| הנשמה |
| תהלל |
| קה. |
| *הגה: |
| *ואם |
| יש |

לו
שהות - TIME
יותר - MORE
יאמר:
הודו
לה'
קראו
עד
והוא
רחום
וידלג - AND SKIP
עד
והוא
רחום
שקודם
אשרי
כי
בנתיים - BETWEEN
אינו
רק
פסוקים
מלוקטים. - GATHERED
ואח"כ:
ישתבח,
ואח"כ:

יוצר
וק"ש
וברכותיה,
ויתפלל
עם
הצבור.
*ואם
אין
שהות
כ"כ, - SO MUCH
ידלג
גם
מזמור
הללו
את
י"י
מן
השמים.
*הגה:
*אם
עוד
אין
שהות,
לא
יאמר

רק:
ברוך
שאמר,
ותהלה
לדוד
וישתבח.

אם בא לבהכ"נ ומצא צבור בסוף פסוקי דזמרה אומר: ברוך שאמר עד מהולל בתשבחות, ואח"כ: תהלה לדוד עד מעתה ועד עולם הללויה (תהילים קמה, א - כא; קטו, יח), ואח"כ: הללו את י"י מן השמים עד לבני ישראל עם קרובו הללויה (תהילים קמח, א - יד) ואח"כ: הללו אל בקדשו עד כל הנשמה תהלל יה (תהילים קנ, א - ז). הגה: ואם יש לו שהות יותר יאמר: הודו לה' קראו (דברי הימים א, טז, א - טו; תהילים צט, ה; ט) עד והוא רחום וידלג עד והוא רחום (תהילים עח, לח) שקודם אשרי כי בנתיים אינו רק פסוקים מלוקטים (הגהות מיימוני פ"ז מה' תפלה). ואח"כ: ישתבח, ואח"כ: יוצר וק"ש וברכותיה, ויתפלל עם הצבור. ואם אין שהות כ"כ, ידלג גם מזמור הללו את י"י מן השמים (תהילים קמח, א - יד). הגה: אם עוד אין שהות, לא יאמר רק: ברוך שאמר, ותהלה לדוד וישתבח.

Please write the above passage in your own words in clear English.

Please write the above passage the way we translated it in class.

Read the Hebrew passage below. Then read the English words. Finally, match each Hebrew word with the most appropriate English word. [AMEN, BERACHOT OF, BUT, DEZIMRA, EVEN, EVEN, FIRST, HE SHOULD READ, IN A PLACE, IN THE GEMARA, LIKE, OF THE RABBIS, OF, PASUK, PASUK, PESUKEI, SINCE, THAT HE HEARS, THAT HE NEEDS, THAT HE SHOULD READ, THAT IT IS ALLOWED, THAT NOT, THE PUBLIC, TO AFTER, TO ANSWER, TO ANSWER, UBARUCH SHEMO, WITH THEM, WITH]

*אפילו
ברוך
הוא
וב"ש
אסור
לומר
כיון
שלא
הוזכרה - METIONED
בגמרא
*אבל
אמן
מותר
לענות
על
כל
ברכה
ששומע
*אפי'
באמצע - IN THE MIDDLE
פסוק

של
פסוקי
דזמרה
*אם
הוא
במקום
דסליק - THAT IT ENDS
ענינא - A TOPIC
*וכן
כל
ברכת
הודאה - THANKS
מותר
לברך
כמו
אשר
יצר
לאחר
עשיית - DOING
צרכיו - HIS NEEDS
וכיוצא - AND SIMILAR
בזה - TO THIS
*וכן
לענות - TO ANSWER
מודים

דרבנן
וכן*
לענות
ק"ש
עם
הצבור
שצריך
שיקרא
עמהם
פסוק
ראשון
קורא
ומכ"ש - AND CERTAINLY*
דמותר
להפסיק - TO INTERRUPT
לקדיש
ולקדושה
ולברכו.

משנה ברורה סימן נא ס"ק ח

אפילו ברוך הוא וב"ש אסור לומר כיון שלא הוזכרה בגמרא אבל אמן מותר לענות על כל ברכה ששומע אפי'
באמצע פסוק של פסוקי דזמרה אם הוא במקום דסליק עניינא וכן כל ברכת הודאה מותר לברך כמו אשר יצר לאחר
עשיית צרכיו וכיוצא בזה וכן לענות מודים דרבנן וכן לענות ק"ש עם הצבור שצריך שיקרא עמהם פסוק ראשון קורא
ומכ"ש דמותר להפסיק לקדיש ולקדושה ולברכו.

Please write the above passage in your own words in clear English.

Please write the above passage the way we translated it in class.

Read the Hebrew passage below. Then read the English words. Finally, match each Hebrew word with the most appropriate English word. [AFTER, AND FORGOT, AND SAY, AND TO READ IT, BEFORE, BEFORE, BEFORE, BEFORE, DEZIMRA, EVEN, FORGOT, HE BEGAN, HE SHOULD DO, HE SHOULD INTERRUPT, HE STANDS, HIS NAME, IN THE MIDDLE, IN THE MIDDLE, JUST, ONLY, ONLY, OTHER, PAUSE, PESUKEI, PESUKIM, THAT STANDS, THAT THERE ARE THOSE WHO SAY, THE DAVENING, THE HONOR, THE PUBLIC, THE READER, THE STOPPING POINT, THUS, TIME, TO CALL/READ, TO CALL/READ, TO INTERRUPT, TO MAKE, TO READ IT, TO SAY IT, TO SAY, TO THE CHAZZAN, TO THE SEFER TORAH, UNTIL, WHO, WITH]

*אם
מתיירא - HE FEARS
שיעבור - THAT IT WILL PASS
זמן
ק"ש
קודם
שיגיע - THAT HE REACHES
לקרותה
בסדר - IN THE ORDER
התפלה
ושכח - AND HE FORGOT
לאמרה
קודם
ברוך
שאמר
מותר
לו
להפסיק
ולקרותה
*וכן

| אם |
| שכח |
| לברך |
| ברכת |
| התורה |
| קודם |
| התפלה |
| מותר |
| לו |
| לברך |
| באמצע |
| פסוקי |
| דזמרה |
| ולומר |
| אח"כ |
| פסוקים |
| THAT ARE CUSTOMARY - הנוהגין |
| *די"א |
| דאסור |
| לומר |
| אפילו |
| פסוקי |
| דזמרה |
| קודם |
| ברכת התורה. |

אין
לקרות
לס"ת
לכתחלה - UNDER IDEAL CIRCUMSTANCES
מי
שעומד
באמצע
פסוקי
דזמרה
*רק
לכהן
*אם
אין
שם
כהן
אחר
*וכן
ללוי
*אם
אין
שם
אלא
הוא
ורשאי - AND PERMITTED
לקרות

בלחש - IN SILENCE
עם
הקורא
אך
לא
יפסיק
לומר
לחזן
לעשות
מי
שברך
ואם*
החזן
התחיל
מעצמו - BY HIMSELF
ושכח
שמו
ושואלו - AND ASKS HIM
מותר
להשיבו - TO ANSWER HIM
מפני
הכבוד.
ואם*
הוא
עומד

סמוך - CLOSE
לפרק - TO A STOPPING POINT
שיכול - THAT ABLE
לגמור - TO COMPLETE
עד
הפרק
בלי - WITHOUT
שהות - PAUSE
קודם
שיעלה - THAT HE GOES UP
יעשה
כן
*אבל
אם
צריך
לזה
שהות
לא
ישהא - HE SHOULD PAUSE
מפני
טורח - BOTHER
הצבור.

משנה ברורה סימן נא ס"ק י

אם מתיירא שיעבור זמן ק"ש קודם שיגיע לקרותה בסדר התפלה ושכח לאמרה קודם ברוך שאמר מותר לו
להפסיק ולקרותה וכן אם שכח לברך ברכת התורה קודם התפלה מותר לו לברך באמצע פסוקי דזמרה ולומר
אח"כ פסוקים הנוהגין די"א דאסור לומר אפילו פסוקי דזמרה קודם בה"ת. אין לקרות לס"ת לכתחלה מי שעומד
באמצע פסוקי דזמרה רק לכהן אם אין שם כהן אחר וכן ללוי אם אין שם אלא הוא ורשאי לקרות בלחש עם הקורא
אך לא יפסיק לומר לחזן לעשות מי שברך ואם החזן התחיל מעצמו ושכח שמו ושואלו מותר להשיבו מפני הכבוד.
ואם הוא עומד סמוך לפרק שיכול לגמור עד הפרק בלי שהות קודם שיעלה יעשה כן אבל אם צריך לזה שהות לא
ישהא מפני טורח הצבור.

Please write the above passage in your own words in clear English.

Please write the above passage the way we translated it in class.

Read the Hebrew passage below. Then read the English words. Finally, match each Hebrew word with the most appropriate English word. [AFTER HIM, ANSWER, BEFORE, COMPLETED, ETC., HE COMPLETED, THE CHAZZAN]

*אם
סיים - COMPLETED
ברוך
שאמר,
קודם
שסיים
החזן,
עונה - ANSWER
אחריו:
אמן.
*אבל
*אם
לא
סיים
לא
יענה
אמן
ופשוט - AND IT IS STRAIGHTFORWARD
דדוקא - THAT SPECIFICALLY
משעה - FROM THE HOUR
שהתחיל - THAT HE BEGAN
ברוך

אתה
ד'
וכו'.

משנה ברורה סימן נא ס"ק ב

אם סיים ברוך שאמר, קודם שסיים החזן, עונה אחריו: אמן. אבל אם לא סיים לא יענה אמן ופשוט דדוקא משעה שהתחיל ברוך אתה ד' וכו'.

Please write the above passage in your own words in clear English.

Please write the above passage the way we translated it in class.

Read the Hebrew passage below. Then read the English words. Finally, match each Hebrew word with the most appropriate English word. [AFTER HIM, AFTER, ALSO, ANSWER,BECAUSE, BEFORE, BETWEEN, BETWEEN, COMPLETED, INTERRUPTION, LIKE, MITZVAH, ON IT, THAT IS BEFORE IT, THAT IT IS FORBIDDEN, THAT WE MAKE A BRACHA, THE COMPLETION, THE SHLIACH TZIBBUR, THERE IS, THING, TO ANSWER, TO INTERRUPT, TO THE BRACHA, TO THE BRACHA, TO THE RAMO]

	לא
	יענה
	אמן
	אחר
	סיום
	הבוחר
	בעמו
	ישראל
	באהבה,
	משום*
	דהוי - THAT IT IS
	הפסק
	בין
	ק"ש
	להברכה
	כמו
	שאסור
	להפסיק
	בין
	כל
	דבר

מצוה
או*
הנאה - PLEASURE
שמברכין
עליו
להברכה
שלפניו
אבל*
בברכת
יוצר
אור
גם
הוא
מודה - ADMIT
לדינא - TO THE LAW
להרמ"א
בזה
דאם
סיים
קודם
הש"ץ
יש
לענות
אמן
אחריו.

משנה ברורה סימן נט ס"ק כד

לא יענה אמן אחר סיום הבוחר בעמו ישראל באהבה, משום דהוי הפסק בין ק"ש להברכה כמו שאסור להפסיק בין
כל דבר מצוה או הנאה שמברכין עליו להברכה שלפניו אבל בברכת יוצר אור גם הוא מודה לדינא להרמ"א בזה
דאם סיים קודם הש"ץ יש לענות אמן אחריו.

Please write the above passage in your own words in clear English.

Please write the above passage the way we translated it in class.

Read the Hebrew passage below. Then read the English words. Finally, match each Hebrew word with the most appropriate English word. [AT ALL, BARUCH SHEM KEVOD MALCHUTO LE'OLAM VA'ED, BECAUSE, HE SHOULD INTERRUPT, IN THEM, WHO]

שמע
ישראל
ובשכמל"ו
...
לא
יפסיק
בהם
כלל,
אם
לא
מפני
מי
שירא - THAT HE FEARS
שמא - MAYBE
יהרגנו. - HE WILL KILL HIM

שולחן ערוך אורח חיים הלכות קריאת שמע סימן סו סעיף א

שמע ישראל ובשכמל"ו ... לא יפסיק בהם כלל, אם לא מפני מי שירא שמא יהרגנו.

Please write the above passage in your own words in clear English.

Please write the above passage the way we translated it in class.

Read the Hebrew passage below. Then read the English words. Finally, match each Hebrew word with the most appropriate English word. [ALSO, BARUCH SHEM KEVOD MALCHUTO LE'OLAM VA'ED, BETWEEN, HE SHOULD INTERRUPT, HE/ITTHAT ALSO, THIS]

ומטעם - AND FOR REASON
זה
לא
יפסיק
ג"כ
בין
שמע
ישראל
לבשכמל"ו
שגם
הוא
מכלל - FROM THE GENERAL CATEGORY
היחוד. - OF THE ONENESS -

משנה ברורה סימן סו ס"ק יא

ומטעם זה לא יפסיק ג"כ בין שמע ישראל לבשכמל"ו שגם הוא מכלל היחוד.

Please write the above passage in your own words in clear English.

Please write the above passage the way we translated it in class.

Read the Hebrew passage below. Then read the English words. Finally, match each Hebrew word with the most appropriate English word. [AFTER, AND AFTER, AND SOME SAY, HE INTERRUPTS, HE SHOULD SAY, IN KRI'AT SHEMA, IN THE MIDDLE, RATHER/ONLY, THAT AMEN, THAT THEY ANSWER, THE BRACHA OF, THE PASUK, THEM, THERE IS, TO ANSWER, TO HIM/IT]

לקדיש
ולקדושה
ולברכו,
מפסיק
אפילו
באמצע
הפסוק,
*וכן
למודים,
*אבל
לא
יאמר
אלא
תיבת - THE WORD
מודים
בלבד. - ALONE
*הגה:
*וכן
בברכו
לא
יאמר
יתברך

וישתבח
כו'. - ETC.
*וי"א
דאמן
שעונין
אחר
ברכת
האל
הקדוש
ואחר
שומע
תפלה
יש
לו
דין - THE LAW OF
קדושה
ויוכל - AND HE IS ABLE
לענות
אותם
בק"ש.

לקדיש ולקדושה ולברכו, מפסיק אפילו באמצע הפסוק, וכן למודים, אבל לא יאמר אלא תיבת מודים בלבד. הגה: וכן בברכו לא יאמר יתברך וישתבח כו'. וי"א דאמן שעונין אחר ברכת האל הקדוש ואחר שומע תפלה יש לו דין קדושה ויוכל לענות אותם בק"ש.

Please write the above passage in your own words in clear English.

Please write the above passage the way we translated it in class.

Read the Hebrew passage below. Then read the English words. Finally, match each Hebrew word with the most appropriate English word. [ACCORDING TO, ALL OF HER/IT, ALL OF HER/IT, AND HE INTERRUPTED, AND HE INTERRUPTED, AND RETURNED, CUSTOM, FORCED, HE FULFILLED HIS OBLIGATION, HE READ HER/IT, HE RETURNS, HE WAS, IT WAS, LIKE ENOUGH, MAN, MANY, SONS OF, THAT HE BEGAN, THAT IF, THAT IS, THE INTERRUPTION, THE READER, TO COMPLETE, TO READ, TO THE HEAD, WHETHER … OR, WITH SPEECH]

קראה
סירוגין, - SEIRUGIN
*דהיינו
שהתחיל
לקרות
והפסיק
בין
בשתיקה - WITH SILENCE
בין
בדיבור
וחזר
וגמרה, - AND COMPLETED IT
*אפילו
שהה - HE PAUSED
כדי - LIKE ENOUGH
לגמור - TO COMPLETE
את
כולה,
יצא
אפילו
היה

ההפסק
מחמת - BECAUSE OF
אונס. - FORCED
*הגה:
*ויש-אומרים
*דאם
היה
אנוס,
והפסיק
כדי
לגמור
את
כולה,
חוזר
לראש.
והכי - AND THIS
נהוג,
ומשערין - AND WE MEASURE
ענין - THE TOPIC
השהייה - THE PAUSE
לפי - ACCORDING TO
הקורא
ולא
לפי
רוב

בני
אדם.

שולחן ערוך אורח חיים הלכות קריאת שמע סימן סה

קראה סירוגין, דהיינו שהתחיל לקרות והפסיק בין בשתיקה בין בדיבור וחזר וגמרה, אפילו שהה כדי לגמור את כולה, יצא אפילו היה ההפסק מחמת אונס. הגה: ויש אומרים דאם היה אנוס, והפסיק כדי לגמור את כולה, חוזר לראש. והכי נהוג, ומשערין ענין השהייה לפי הקורא ולא לפי רוב בני אדם.

Please write the above passage in your own words in clear English.

Please write the above passage the way we translated it in class.

57. שולחן ערוך אורח חיים הלכות תפלה סימן קד סעיף א

Read the Hebrew passage below. Then read the English words. Finally, match each Hebrew word with the most appropriate English word. [ASK, HE SHOULD INTERRUPT, IN HIS PEACE, IN HIS PRAYER, ISRAEL, KING]

לא
יפסיק
בתפלתו.
ואפילו*
מלך
ישראל
שואל
בשלומו,
לא
ישיבנו. - RESPOND TO HIM

שולחן ערוך אורח חיים הלכות תפלה סימן קד סעיף א

לא יפסיק בתפלתו. ואפילו מלך ישראל שואל בשלומו, לא ישיבנו.

Please write the above passage in your own words in clear English.

Please write the above passage the way we translated it in class.

58. שולחן ערוך אורח חיים הלכות תפלה סימן קד סעיף ב

Read the Hebrew passage below. Then read the English words. Finally, match each Hebrew word with the most appropriate English word. [AND CAME, DAVENING, FROM HIS PLACE, FROM, HE SHOULD INTERRUPT, HE/IT, HIS DAVENING, IN A TOPIC/WAY, IN THE ROAD, OPPOSITE HIM, OR, OTHER, THAT TO AFTER, THE ROAD, TO GO OUT, UNTIL]

היה
מתפלל
בדרך
ובאה
בהמה - ANIMAL
או
קרון - WAGON
כנגדו,
יטה - HE SHOULD LEAN
מן
הדרך
ולא
יפסיק;
אבל*
בענין
אחר,
אין
לצאת
ממקומו
עד
שיגמור - THAT HE COMPLETES
תפלתו,

<table>
<tr><td dir="rtl" align="right">‏*אא"כ = אלא אם כן - UNLESS</td></tr>
<tr><td dir="rtl" align="right">הוא</td></tr>
<tr><td dir="rtl" align="right">‏בתחנונים - IN ELOKAI NETZOR</td></tr>
<tr><td dir="rtl" align="right">שלאחר</td></tr>
<tr><td dir="rtl" align="right">התפלה.</td></tr>
</table>

שולחן ערוך אורח חיים הלכות תפלה סימן קד סעיף ב

היה מתפלל בדרך ובאה בהמה או קרון או קרון כנגדו, יטה מן הדרך ולא יפסיק; אבל בענין אחר, אין לצאת ממקומו עד שיגמור תפלתו, אא"כ הוא בתחנונים שלאחר התפלה.

Please write the above passage in your own words in clear English.

Please write the above passage the way we translated it in class.

Read the Hebrew passage below. Then read the English words. Finally, match each Hebrew word with the most appropriate English word. [AND CONCENTRATE, INTERRUPT, LIKE ANSWER, THAT SAY, THE CHAZZAN, TO SEFER, TO WHAT, TORAH]

אינו
פוסק - INTERRUPT
לא
לקדיש
ולא
לקדושה,
*אלא
ישתוק - BE SILENT
ויכוין
למה
שאומר
ש"צ,
ויהא - AND HE WILL BE
כעונה
(היה
עומד
בתפלה
וקראוהו - AND THEY CALLED HIM
לספר
תורה,
אינו
פוסק).

אינו פוסק לא לקדיש ולא לקדושה, אלא ישתוק ויכוין למה שאומר ש"צ, ויהא כעונה (היה עומד בתפלה וקראוהו לספר תורה, אינו פוסק).

Please write the above passage in your own words in clear English.

Please write the above passage the way we translated it in class.

Read the Hebrew passage below. Then read the English words. Finally, match each Hebrew word with the most appropriate English word. [18, AFTER, AND TO ANSWER, BETWEEN, COME, HE BEGAN, HE/IT IS, HIS DAVENING, INTERRUPT, SUPPLICATIONS, THAT YIHYU, THE CHAZZAN, TO INTERRUPT, TO ORGANIZE, TO SAY]

	*אם
	בא
	להפסיק
	ולענות
	קדיש
	וקדושה
	בין
	י"ח
	ליהיו
	לרצון,
	אינו
	פוסק,
	שיהיו
	לרצון
INCLUDED - מכלל	
	התפלה
	הוא;
	*אבל
	בין
	יהיו
	לרצון
TO OTHER - לשאר	

תחנונים, - SUPPLICATIONS
שפיר - BEAUTIFUL
דמי - IT IS SIMILAR
...
*ומיהו
הרגיל - ONE WHO IS REGULAR
לומר
תחנונים
אחר
תפלתו,
*אם
התחיל
הש"ץ
לסדר
תפלתו
והגיע - AND HE REACHED
לקדיש
או
לקדושה,
מקצר – HE SHOULD SHORTEN
ועולה. - AND GO UP.

שולחן ערוך אורח חיים הלכות תפלה סימן קכב סעיף א

אם בא להפסיק ולענות קדיש וקדושה בין י"ח ליהיו לרצון, אינו פוסק, שיהיו לרצון מכלל התפלה הוא; אבל בין יהיו לרצון לשאר תחנונים, שפיר דמי ... ומיהו הרגיל לומר תחנונים אחר תפלתו, אם התחיל הש"ץ לסדר תפלתו והגיע לקדיש או לקדושה, מקצר ועולה.

Please write the above passage in your own words in clear English.

Please write the above passage the way we translated it in class.

Read the Hebrew passage below. Then read the English words. Finally, match each Hebrew word with the most appropriate English word. [AFTER, AFTER, AND AFTER, AND ASK/BORROW, DAVENING, EVEN THOUGH, FROM HIS FRIEND, GOOD, IN ORDER, KRI'AT SHEMA, MORE, THAT HE SHOULD DAVEN, THAT HE SHOULD READ, THAT HE SHOULD WAIT, THAT HE/IT, THAT MORE GOOD, THAT NOT, THAT THE PUBLIC, THE DAVENING OF, THE DAVENING OF, THE MITZVAH OF, THE PUBLIC, THE PUBLIC, TO HIM, TO HIS HAND, WHO, WITH, IN ORDER, THAT HE SHOULD READ]

IT REQUIRES RESEARCH - צ"ע*
מי
שאין
לו
תפילין
IN THE TIME - בעת
שהצבור
מתפללין
אם
טוב
יותר
שיתפלל
עם
הצבור
אף
שהוא
WITHOUT - בלי
תפילין
ואח"כ
WHEN THEY REACH - כשיגיעו
התפילין

לידו
יקיים - HE SHOULD FULFILL
מצות
תפילין
לבד - ALONE
או
מוטב - BETTER
שיתעכב - THAT HE SHOULD WAIT
אחר
תפלת
הצבור
כדי - IN ORDER
לשאול - TO BORROW
תפילין
מחבירו
כדי
שיקרא
ק"ש
ויתפלל
בתפילין
פסק - HE RULED
המ"א - THE SEFER MAGEN AVRAHAM
דמוטב
שיתעכב
אחר

תפלת
הצבור
וישאול
תפילין
כדי
שיקרא
ק"ש
ויתפלל
בתפילין.

משנה ברורה סימן סו ס"ק מ

צ"ע מי שאין לו תפילין בעת שהצבור מתפללין אם טוב יותר שיתפלל עם הצבור אף שהוא בלי תפילין ואח"כ כשיגיעו התפילין לידו יקיים מצות תפילין לבד או מוטב שיתעכב אחר תפלת הצבור כדי לשאול תפילין מחבירו כדי שיקרא ק"ש ויתפלל בתפילין פסק המ"א דמוטב שיתעכב אחר תפלת הצבור וישאול תפילין כדי שיקרא ק"ש ויתפלל בתפילין.

Please write the above passage in your own words in clear English.

Please write the above passage the way we translated it in class.

Read the Hebrew passage below. Then read the English words. Finally, match each Hebrew word with the most appropriate English word. [AND AFTER, HE FOUND, READ, WITH THEM]

אם*
עד
שלא
קרא
ק"ש
מצא
ציבור
מתפללין,
לא
יתפלל
עמהם,
אלא*
קורא
ק"ש
ואח"כ
יתפלל,
דמסמך - THAT MAKING CLOSE
גאולה - GA'AL YISRAEL
לתפלה
עדיף. - IS BETTER

שולחן ערוך אורח חיים הלכות תפלה סימן קיא

אם עד שלא קרא ק"ש מצא ציבור מתפללין, לא יתפלל עמהם, אלא קורא ק"ש ואח"כ יתפלל, דמסמך גאולה לתפלה עדיף.

Please write the above passage in your own words in clear English.

Please write the above passage the way we translated it in class.

Read the Hebrew passage below. Then read the English words. Finally, match each Hebrew word with the most appropriate English word. [AND AFTER, AND ALL THIS, HER/ITS BERACHOT, IN MA'ARIV, IN SHACHARIT, WITH THEM, WITH]

*ר"ל - THIS MEANS TO SAY
עם
ברכותיה.
וכל זה
בשחרית
אבל
בערבית
יתפלל
עמהם
ואח"כ
קורא
ק"ש.

משנה ברורה סימן קיא ס"ק יא

ר"ל עם ברכותיה. וכ"ז בשחרית אבל בערבית יתפלל עמהם ואח"כ קורא ק"ש.

Please write the above passage in your own words in clear English.

Please write the above passage the way we translated it in class.

הלכות תפלה

Unit 8

קדושת המחנה

The following passage of MB discusses the prohibition of praying in the presence of someone not dressed modestly. The MB compares two types of immodest dress, and discusses whether there are any permissible ways to pray in such circumstances. Read the passage, then read the English words. Finally, match each Hebrew word with the most appropriate English word. [ERVAH, AND THERE ARE, EVEN, FORBIDDEN, FROM TO SEE, HE, HIS EYES, HIS FACE, IF, IN THE NAME OF, IN THIS, IN THIS, IT IS ALSO THE LAW, LATER ON, ON, OTHER, THAT HE RETURNS, THAT THERE IS, THE ACHARONIM, THEY PERMIT, THIS, UNTIL, WHAT]

ACCORDING TO - לפי
מה
THAT WE EXPLAINED - שביארנו
לקמן*
סעיף
ו'
בשם
האחרונים
THAT OPPOSITE - דנגד
ערוה
LITERAL - ממש
אסור
אפילו*
WITH HE CLOSES - בעוצם
עיניו
עד
שיחזיר
פניו
ה"ה*
בזה

ויש
מתירין
בזה
אם*
הוא
נזהר - CAREFUL
מלראות
כלל. - TOTALLY
וכשא"א = וכשאי אפשר - AND WHEN IT IS IMPOSSIBLE
בענין - IN A TOPIC/WAY
אחר
נראה - IT LOOKS
דיש
לסמוך - TO LEAN/RELY
על
זה.

לפי מה שביארנו לקמן סעיף ו' בשם האחרונים דנגד ערוה ממש אסור אפילו בעוצם עיניו עד שיחזיר פניו ה"ה בזה ויש מתירין בזה אם הוא נזהר מלראות כלל. וכשא"א בענין אחר נראה דיש לסמוך על זה.

Please write the above passage in your own words in clear English.

Please write the above passage the way we translated it in class.

Read the Hebrew passage below. Then read the English words. Finally, match each Hebrew word with the most appropriate English word. [BECAUSE, EVEN THOUGH, HER/IT, PERMITTED, THAT HE SEES, THAT IT IS WRITTEN, TO READ, WAY]

צואה - FECES
בעששית, - IN A GLASS CONTAINER
מותר
לקרות
כנגדה - OPPOSITE IT
*אף-על-פי
שרואה
אותה
דרך
דפנותיה, - ITS WALLS
*משום
דבכסוי - THAT IN COVERING
תלה - HANG/DEPEND
רחמנא, - THE TORAH
*דכתיב:
וכסית - AND YOU SHALL COVER
את
צאתך - YOUR FECES
והא - AND BEHOLD
מתכסיא. - IT IS COVERED

צואה בעששית, מותר לקרות כנגדה אף-על-פי שרואה אותה דרך דפנותיה, משום דבכסוי תלה רחמנא, דכתיב:
וכסית את צאתך והא מתכסיא.

Please write the above passage in your own words in clear English.

Please write the above passage the way we translated it in class.

Read the Hebrew passage below. Then read the English words. Finally, match each Hebrew word with the most appropriate English word. [AND IF, BAD, FORBIDDEN, SMELL, TO HIM]

ואם*
מגיע - REACH
לו
ריח
רע
אסור.

ואם מגיע לו ריח רע אסור.

Please write the above passage in your own words in clear English.

Please write the above passage the way we translated it in class.

Read the Hebrew passage below. Then read the English words. Finally, match each Hebrew word with the most appropriate English word. [ABLE, ABLE, ALL, AND ALL, AND ALL, AND IF, AND IF, AND ITS BERACHOT, AND NEED, AND NO, AND TO DAVEN SHEMONEH ESREI, BEAUTIFUL, BEFORE, BUT, BUT, BUT, DAVEN SHEMONEH ESREI, DAVEN SHEMONEH ESREI, EVEN, FIRST, FORBIDDEN, FROM THE NAME OF, FROM, GOING, GOOD, HE DAVENED SHEMONEH ESREI, HIMSELF, HIMSELF, HIMSELF, HIMSELF, HIS PRAYER, HIS SHEMONEH ESREI, IF, IF, IN THE TIME OF, IN WORDS OF, IT AWAKENS, KRIAT SHEMA, LIKE HIS WAY, MEASUREMENT, MORE, NEED, NEED, NEED, NO, NO, PARSA, READ, SHEMONEH ESREI, STAND, THAT HE COMPLETES, THAT HE NOT, THAT HIS BODY, THAT NOT, THE BATHROOM, THE RAMO COMMENTS:, THE RAMO COMMENTS:, THE THAT NEEDS, THING, THIS, TIME, TO HIM, TO THE BATHROOM, TO INTERRUPT, TO RETURN, TO STAND, TO STAND, TORAH, UNTIL, UNTIL, WAS, WHETHER, WHETHER, WITH NOT]

היה
צריך
לנקביו, - TO THE BATHROOM
אל
יתפלל,
ואם*
התפלל
תפלתו
תועבה - DISGUSTING
וצריך
לחזור
ולהתפלל;
וה"מ = והני מילי - AND THESE WORDS*
שאינו
יכול
לעמוד
עצמו

שיעור - MEASUREMENT
הילוך
פרסה, - ONE PARSA
אבל*
אם*
יכול
להעמיד
עצמו
שיעור
פרסה
יצא* - HE FULFILLED HIS OBLIGATION
בדיעבד, - IN THE WORST ACCEPTABLE WAY*
אבל*
לכתחלה - THE BEST WAY*
לא
יתפלל
עד
שיבדוק - THAT HE CHECKS
עצמו
תחלה
יפה.
הגה:*
וכל
הנצרך
לנקביו

אסור
*אפי'
בדברי
תורה,
כל
זמן
שגופו
משוקץ - DISGUSTING
מן
הנקבים.
*אם
באמצע - IN THE MIDDLE
תפלתו
נתעורר - AWAKENS
לו
תאוה - NEED
יעמיד
עצמו
עד
שיגמור,
ולא
יפסיק; - INTERRUPT
*ואם
בשעת
ק"ש

וברכותיה
נתעורר,
*בין
לקטנים - NUMBER ONE
*בין
לגדולים, - NUMBER TWO
קורא
כדרכו.
*הגה:
*ודוקא - AND SPECIFICALLY
שאינו
מתאוה
כל-כך - SO MUCH
דאית - THAT THERE IS
ביה - IN HIM
משום
בל-תשקצו, - DON'T BE DISGUSTING
*אבל
בלאו
הכי,
יותר
טוב
להפסיק...
צריך
קודם

תפלה	
להסיר - TO REMOVE	
כיחו - HIS SPIT	
וניעו - AND PHLEGM	
וכל	
דבר	
הטורדו. - THAT DISTRACTS HIM	

היה צריך לנקביו, אל יתפלל, ואם התפלל תפלתו תועבה וצריך לחזור ולהתפלל; וה"מ שאינו יכול לעמוד עצמו שיעור הילוך פרסה, אבל אם יכול להעמיד עצמו שיעור פרסה יצא בדיעבד, אבל לכתחלה לא יתפלל עד שיבדוק עצמו תחלה יפה. הגה: וכל הנצרך לנקביו אסור אפי' בדברי תורה, כל זמן שגופו משוקץ מן הנקבים. אם באמצע תפלתו נתעורר לו תאוה יעמיד עצמו עד שיגמור, ולא יפסיק; ואם בשעת ק"ש ובברכותיה נתעורר, בין לקטנים בין לגדולים, קורא כדרכו. הגה: ודוקא שאינו מתאוה כל-כך דאית ביה משום בל-תשקצו, אבל בלאו הכי, יותר טוב להפסיק... צריך קודם תפלה להסיר כיחו וניעו וכל דבר הטורדו.

Please write the above passage in your own words in clear English.

Please write the above passage the way we translated it in class.

הלכות תפלה
Unit 9

Tefillah haDerech

Read the Hebrew passage below. Then read the English words. Finally, match each Hebrew word with the most appropriate English word. [AND NEED, ETC., FROM GOING, HE SHOULD DAVEN, HE SHOULD STAND, IN LANGUAGE, MANY/PLURAL, POSSIBLE, THE ONE WHO GOES OUT, TO SAY HER/IT, TO THE ROAD, WHEN HE SAYS IT, YEHI RATZON MILFANEYCHA]

	היוצא
	לדרך,
	יתפלל:
	יר"מ
	ה'
	אלקינו
	ואלקי
	אבותינו
	שתוליכנו
	לשלום
	*וכו',
	וצריך
	לאמרה
	בלשון
	רבים,
	*ואם
	אפשר
	יעמוד
	מלילך
	כשיאמרנה,
	*ואם
	היה

רוכב - RIDING
אין
צריך
לירד. - TO GO DOWN

שולחן ערוך אורח חיים הלכות תפלה סימן קי

היוצא לדרך, יתפלל: יר"מ ה' אלקינו ואלקי אבותינו שתוליכנו לשלום וכו', וצריך לאמרה בלשון רבים, ואם אפשר יעמוד מלילך כשיאמרנה, ואם היה רוכב אין צריך לירד.

Please write the above passage in your own words in clear English.

Please write the above passage the way we translated it in class.

Read the Hebrew passage below. Then read the English words. Finally, match each Hebrew word with the most appropriate English word. [A PARSA, AFTER, AND FROM THERE, FIRST, FOR THE ROAD, FROM A PARSA, FROM TO SAY HER/IT, HE SHOULD SAY, HER/IT, IN THE ROAD, THAT HE/IT, THERE IS, TIME, TO CITY, TO GO, WITH BARUCH]

אומר
אותה
אחר
שהחזיק - THAT HE SET OUT
בדרך;
ואין
לאומרה,
*אלא-אם-כן - UNLESS
יש
לו
לילך
פרסה,
*אבל
פחות - LESS
מפרסה
לא
יחתום - SEAL
בברוך
(ולכתחלה - AND IT'S BEST
יאמר
אותה

בפרסה
ראשונה),
*ואם
שכח - FORGOT
מלאומרה,
יאמר
אותה
כל
זמן
שהוא
בדרך,
ובלבד - AND ONLY
שלא
הגיע - REACH
תוך - INSIDE
פרסה
הסמוכה - THE CLOSE
לעיר
שרוצה - THAT HE WANTS
ללון - TO SPEND THE NIGHT
בה
ומשם
ואילך
יאמר
אותה

בלא
ברכה.

שולחן ערוך אורח חיים הלכות תפלה סימן קי

אומר אותה אחר שהחזיק בדרך; ואין לאומרה, אלא אם כן יש לו לילך פרסה, אבל פחות מפרסה לא יחתום בברוך (ולכתחלה יאמר אותה בפרסה ראשונה) (רש"י והר"י), ואם שכח מלאומרה, יאמר אותה כל זמן שהוא בדרך, ובלבד שלא הגיע תוך פרסה הסמוכה לעיר שרוצה ללון בה ומשם ואילך יאמר אותה בלא ברכה.

Please write the above passage in your own words in clear English.

Please write the above passage the way we translated it in class.